GW01606264

clave

Raimon Gaja Jaumeandreu es licenciado en Filosofía y Ciencias de la Educación, especialista en psicología clínica y Máster en Terapia de Conducta. Es asimismo fundador y director del Instituto Superior de Estudios Psicológicos (ISEP). Actualmente combina la actividad docente como profesor del ISEP con el ejercicio activo de la Psicología desde ISEP Clínic.

Bienestar, autoestima y felicidad

RAIMON GAJA JAUMEANDREU

DEBOLS!LLO

Tercera edición en esta colección: junio, 2011

Printed in Spain – Impreso en España

ISBN: 978-84-9908-632-3
Depósito legal: B-23523-2011

Fotocomposición: Lorman

Impreso en Liberdúplex, S. L. U
Sant Llorenç de la Barca (Barcelona)

P 886323

A mis padres, Dolors y Esteve,
que me educaron en el autorrespeto y el amor

ÍNDICE

Prólogo 15

PRIMERA PARTE

Introducción 19
Las explicaciones de un paciente 24
Aceptación del tratamiento........................ 27
Éxito del tratamiento............................ 27
El juego de la hormiga 31
La metáfora del restaurador 33
Atención continuada 34
¿Cuándo es necesario acudir al psicólogo? 36

I. El equilibrio psíquico está en la mente 39
Siento porque pienso 40
Los pensamientos automáticos 44
Mundo, pensamiento y sentimiento 45
Pensamientos racionales y pensamientos irracionales 46
Emociones racionales y emociones irracionales 48

SEGUNDA PARTE

II. Los pensamientos perturbadores 53
Pensamiento todo o nada 56
Generalización excesiva...................... 58
Filtro mental 59
Descalificar lo positivo 61
Conclusiones apresuradas 62
Magnificación y minimización 67
Razonamiento emocional....................... 68
Enunciaciones «debería» 69
Etiquetación 70
Personalización 72
Tabla-resumen de los pensamientos
distorsionados 74

III. La autoestima o el amor a sí mismo......... 77
Amarse a sí mismo no es egoísmo.............. 83
Amarse sin condiciones 84
Cómo recuperar el amor a sí mismo 86
Aumentar la autoestima 89

IV. El miedo a la crítica....................... 97
Cómo ser invulnerable a la crítica........... 101
Tres pasos básicos para contestar
eficazmente a la crítica 108

V. La inactividad: «dejar para mañana» 123
El porqué de no hacer nada 129
Cómo acabar con la inactividad 133
Hay muchas cosas que puede hacer 142

VI. Ira y autocontrol 147
¿Por qué me enfado? 150
¿Conviene o no conviene enfadarse? 151
Las causas ocultas del enfado 152
Cómo acabar con la ira 153
Tres buenas razones para no entrar en un estado de cólera 155

TERCERA PARTE

VII. Las creencias contraproducentes 159
Retrato de una persona psicológicamente sana 162

VIII. La adicción a la aprobación 167
La ansiedad es su fiel compañera de viaje 168
La depresión acecha 170
Nadie puede juzgarle 171

IX. La adicción al amor 173
La búsqueda desesperada del amor 174

X. La adicción al trabajo 177
Desmembración familiar 177
Ritmo de trabajo inhumano 179
Limitación de los recursos personales 179

XI. La adicción al perfeccionismo 181
Retrato de un perfeccionista 182
Optar por el término medio 182
Algunas buenas razones para dejar de ser perfeccionista 185

XII. La adicción a la justicia 187

XIII. La adicción a la dependencia 191

Nota al lector 195

«Nadie ha sentido mayor bienestar del que es capaz de asumir o comprender.»

PRÓLOGO

La gran aspiración de todo ser humano es alcanzar la felicidad. No es extraño por tanto que todos en algún momento hayamos dedicado nuestro tiempo a definir qué es la felicidad. Probablemente si preguntáramos a cientos de personas cómo la definirían, obtendríamos muchas definiciones distintas, pero con toda seguridad en la mayoría de ellas encontraríamos rasgos comunes.

Popularmente se ha mantenido la creencia de que la felicidad es un estado de ánimo íntimamente relacionado con la suerte y el destino, ya que lo consideramos un acontecimiento extraordinario que se produce eventualmente en nuestras vidas. Las grandes cimas del ser humano, como la felicidad y el amor, siempre se han relacionado culturalmente con la suerte y lo extraordinario. Pero estos rasgos comunes que aparecen en nuestra concepción de la felicidad están fundamentados en creencias falsas.

Durante la primera parte de mi vida yo también participé de esta definición popular sobre la felicidad. Participaba de tópicos comunes como que, con un poco de suerte, algún día yo también encontraría la felicidad, y que debía aprovechar al máximo los buenos momentos mientras éstos duraran. Afortunadamente, años más tarde descubrí una visión más humanizada del concepto de felicidad.

En los años setenta yo era un estudiante universitario, inquieto por aproximarme a través del estudio a un conocimiento más profundo del ser humano. Aunque empecé estudiando tres carreras, con el correr del tiempo me di cuenta de que sólo una de ellas, la psicología, me aportaba ese conocimiento que yo buscaba. El estudio de las diversas corrientes psicológicas me ayudó a comprender que muchos de los sufrimientos del ser humano vienen motivados por creencias erróneas sobre conceptos tan abstractos como la felicidad, o sobre otros concretos como la convivencia.

Este libro trata de la felicidad. En él he pretendido hacer una síntesis entre las principales ideas defendidas por autoridades en la materia como Aaron T. Beck o Albert Ellis, y la experiencia que he ido adquiriendo en mi trabajo como psicólogo clínico. La convicción de que la felicidad, el amor, la vida y la muerte son los cuatro grandes temas del pensamiento humano, me ha conducido a escribir el presente libro. Pero como mi campo es el de la psicología y no el de la filosofía, vamos a tratar el concepto de felicidad de un modo pragmático, útil y vivible. La función del psicólogo no es otra que la de ayudar al ser humano a reeducar su conducta, pensamiento o emociones a fin de que logre una mejor calidad de vida.

Reeducar significa también demoler viejas creencias. Esto es lo que nos proponemos aquí: derribar el concepto añejo de la felicidad y sustituirlo por otro más humanizado, el de bienestar. Espero haberlo logrado.

PRIMERA PARTE

INTRODUCCIÓN

Los trastornos de los estados de ánimo que producen depresión, ansiedad o infelicidad generalizada han sido abordados terapéuticamente desde diversas corrientes psicológicas, pero ninguna de ellas ha logrado unos resultados tan notables como los de la terapia cognitiva. Ésta es la escuela psicológica que ha inspirado el presente libro.

La terapia cognitiva ha revolucionado el tratamiento de los trastornos emocionales debido a la sencillez de su intervención y a la rapidez de sus resultados. Su filosofía se basa fundamentalmente en los siguientes tres principios:

1. El pensamiento —las cogniciones— determinan nuestros estados de ánimo

En términos sencillos, una cognición es el pensamiento que generamos a partir de nuestra manera particular de mirar e interpretar las cosas y personas que nos rodean y los acontecimientos que nos suceden. Por otra parte, el estado de ánimo (positivo, negativo o neutro) es el resultado de nuestras cogniciones, no a la inversa.

Tradicionalmente se ha relacionado el estado de ánimo con la emoción. Me *siento* triste y entro en un estado de ánimo melancólico. Me *siento* alegre y entro en un estado de ánimo optimista. Me *siento* enfadado y entro en un estado de ánimo colérico. Pero ¿sucede esto realmente así? No; sucede justamente al contrario. El pensamiento genera la emoción, no a la inversa.

Para ilustrar esta idea imaginemos una escena muy común. Un conductor se ve atrapado en un atasco automovilístico. Al cabo de unos minutos de hacer caravana, se da cuenta de que se encuentra en medio de una retención monumental y de que no va a conseguir salir de ella antes de media hora. «¡Qué desastre! Cuanta más prisa tiene uno, peor. Llegaré tarde a la reunión y todos pensarán que soy un informal. Precisamente hoy, que viene a la reunión el director general, tenía que encontrar un atasco. ¡Qué voy a decirle!» Tras dialogar consigo mismo de esta manera, desarrolla una respuesta emocional negativa: se le altera el pulso y el ritmo cardíaco, y entra en un estado de ansiedad y nerviosismo. Finalmente, desarrolla una conducta motora agresiva: toca el claxon frenéticamente, aporrea el volante e increpa al resto de conductores.

En este ejemplo queda reflejada la cadena que se desarrolla desde el momento en que acontece una circunstancia hasta que el individuo reacciona ante ella.

- Se produce un embotellamiento.
- El conductor *percibe* el embotellamiento como un hecho negativo.

• El conductor *interpreta* el embotellamiento como un desastre personal y desarrolla un discurso interno negativo.

• A consecuencia de lo que se dice a sí mismo acerca del embotellamiento, el conductor desarrolla una *respuesta emocional* negativa (nerviosismo, enfado, alteración del pulso y del ritmo cardíaco).

• El conductor se siente enfadado y desarrolla una *respuesta motora* agresiva (increpaciones, aporreos).

2. Detrás de un estado de ánimo deprimido se esconde un pensamiento negativo que hace que nuestra interpretación del mundo nos parezca funesta

La depresión y otros estados de ánimo alterados tienen el poder de transformar y empañar con su espíritu negativo el mundo que nos rodea. Cuando, por ejemplo, contemplamos nuestro entorno desde la tristeza, la desesperanza o la frustración, transmitimos nuestro estado de ánimo a todo aquello que miramos. Parece que si no estamos bien, el resto de las cosas que conforman nuestro mundo tampoco lo están, que el sentido de lo que hay en el exterior depende del que seamos capaces de encontrar en algún lugar de nuestro interior.

Por eso hay días en los que somos capaces de disfrutar de la calidez de los rayos del sol, de la mirada de una persona querida o de la brisa marina acariciándonos la piel, y, en cambio, otros días el mismo sol, la misma mirada y la misma brisa no tienen ningún efecto positivo sobre nosotros.

Pero cuando nos hallamos inmersos en un estado de ánimo desolado no sólo nosotros mismos y el mundo que nos rodea pierde su antiguo brillo y significación, también nuestro pasado y futuro quedan impregnados por el flujo de nuestro pesimismo. En momentos como éstos, nos detenemos con especial saña a rememorar nuestro pasado. Siempre es así. Parece que todos los hombres y mujeres del mundo sentimos una necesidad irreprimible de pasarle cuentas al pasado cuando nos invade el desánimo. Sin embargo, este momento no es el más propicio para llegar a un saldo positivo, ya que trasladamos nuestra tristeza a la selección e interpretación de los recuerdos. Al mirar atrás, sólo recordamos aquellos acontecimientos que nos hirieron. No recordamos las ocasiones en que nos sentimos felices, sino aquellas otras en que fuimos profundamente desdichados.

Ahogados en el recuerdo del pasado, acabamos girando la vista hacia el extremo opuesto: el futuro. Pero tampoco éste presenta mejor semblante. Casi siempre acabamos cayendo en una especie de pensamiento supersticioso y catastrofista, según el cual las desdichas del pasado volverán a repetirse en el futuro. En esos instantes de angustiosa visión de las cosas, nos consideramos tan lúcidos que nada ni nadie podría convencernos de que nuestro pensamiento y el estado de ánimo resultante están tergiversando nuestra visión del mundo, aunque así es realmente.

3. Nuestros pensamientos negativos son la consecuencia de un estilo cognitivo distorsionado

Llamamos estilo cognitivo distorsionado a la forma de ver e interpretar el mundo, el futuro y nuestro propio yo desde un punto de vista irracional, es decir, desde un prisma subjetivo que no responde a la realidad.

Según el tercer gran principio de la teoría cognitiva, la mayoría de nuestros pensamientos negativos responden a un estilo cognitivo distorsionado; lo cual significa, en última instancia, que en un gran número de ocasiones, cuando experimentamos pensamientos que nos conducen a un estado anímico de sufrimiento, dicho malestar no es objetivo o proporcional a las circunstancias, sino motivado por nuestra manera distorsionada de interpretarlas.

Es preciso decir que cuando hablamos de pensamientos negativos nos referimos exclusivamente a aquellos que son irracionales (véase capítulo II). Por ejemplo, si yo pierdo a un ser querido sentiré tristeza, pero ésta no es irracional porque está justificada por la pérdida de una persona a la que yo amaba. En cambio, si en lugar de tristeza me siento culpable de su muerte, entonces mis pensamientos son realmente negativos o irracionales porque son erróneos. Éste es un ejemplo flagrante, pero lo cierto es que la vida cotidiana de casi todos nosotros se ve constantemente enturbiada por la presencia de pensamientos distorsionados que nos hacen sentir sensaciones autodestructivas o paralizantes. Por tanto, cuando en este libro hablamos de pensamientos negativos nos referimos precisamente a aquellos pensamientos autodestructivos que nos encarcelan en un dolor recurrente e innecesario, y que nos impiden superar las dificultades, aceptarnos a nosotros mismos o mirar el futuro con esperanza.

Como veremos más adelante, desde la teoría cognitiva se han localizado los principales pensamientos distorsionados. Esto nos permite reeducar nuestra mente, enseñarle a pensar de una manera objetiva que nos evite sufrimientos innecesarios. Si acordamos que pensamos nuestros sentimientos, que la mayoría de las veces que nos sentimos tristes o deprimidos es porque estamos pensando irracionalmente, el siguiente paso es aprender a localizar qué pensamientos nos conducen a estados de ánimo desagradables, cuánto de irracional hay en dichos pensamientos y reemplazarlos por otros racionales que nos hagan sentir bien, porque, en realidad, así es como nos sentiríamos la mayoría de las veces si nuestro pensamiento no estuviera enturbiado por cogniciones distorsionadas. La felicidad es el estado natural del ser humano.

LAS EXPLICACIONES DE UN PACIENTE

Hace unos años llegó a mi consulta un joven licenciado en derecho, inteligente y excelente conversador. Recuerdo que entró en mi despacho con cara de pocos amigos y mirada recelosa; no obstante, antes de diez minutos habíamos conectado perfectamente y se mostraba como un paciente colaborador, proporcionándome gran cantidad de datos que facilitaban las estrategias terapéuticas. En nuestro segundo encuentro le dije que creía que podíamos abordar su problema desde la terapia cognitiva, con bastantes garantías de éxito. Pasé a explicarle con detalle los principales postulados de dicha terapia. Al finalizar mi exposición, le animé a que cambiáramos los roles, yo sería él y él sería yo. Le propuse que me explicara todo lo que había entendido. Su respuesta fue más que satisfactoria. A continuación reproduzco, con la máxima fidelidad que me permite la memoria, las palabras de este paciente aventajado porque considero que resumen acertadamente los tres principios básicos de esta terapia.

«Mis emociones vienen provocadas por mis pensamientos. Cuando me siento mal es porque me estoy diciendo a mí mismo argumentos que me hacen sentir así. Hoy, por ejemplo, cuando venía hacia aquí me sentía bastante animado. Realmente tenía ganas de volver a charlar contigo. Mi estado de ánimo positivo se debía a las cosas que me decía, cosas como que me causaste muy buena impresión en la primera visita que mantuvimos y que quizá tu terapia tendría un buen resultado conmigo. En cambio, durante las horas previas a nuestra primera visita ocurrió todo lo contrario. Me sentía enfadado e irritable. De veras dudé en cancelar nuestra entrevista. Me decía que me sentía demasiado alterado para charlar con un desconocido por muy psicólogo que fuera, pero, en realidad, lo que me tenía de tan mal talante era el discurso negativo que había estado haciéndome desde la mañana. Desconfiaba de ti, de todos los psicólogos y de todas las terapias, y temía a no sé que descubrimientos extraños que harías de mi persona. Claro, ya lo entiendo, el mismo hecho, consultar a un psicólogo en este caso, interpretado de dos formas distintas, provocaron en mí dos reacciones emocionales opuestas. Por tanto, la *clave* está en mis pensamientos. Lo importante no es lo que me ocurre sino cómo interpreto lo que me ocurre. La esperanza surge aquí, ¿no es cierto? Si mi malestar viene provocado por mis pensamientos, ello es cien veces mejor para mí que si viniera provocado por causas externas, porque el pensamiento es modificable, puedo intervenir en él, cincelarlo a mi medida para sentirme mejor, pero, en cambio, carezco de un poder omnipotente que me permita alterar los acontecimientos externos. ¡Sí, ahora lo veo claro! Para dejar de sentir tristeza, depresión, ansiedad, vergüenza, culpa y otros estados anímicos negativos que tanto hacen sufrir a los seres humanos, para llegar a la aniquilación de estas sensaciones autodestructivas, debemos hacerlo desde el pensamiento. ¡Si mis pensamientos provocan mis emociones, para cambiar las emociones negativas que me alteran y hacen sufrir debo primero modificar mis pensamientos! Además, tú me has dicho que la mayoría de los pensamientos negativos son inoperantes o autodestructivos porque vienen motivados por distorsiones cognitivas. Por ejemplo, cuando venía hacia aquí para entrevistarme contigo por primera vez, y venía con tan pocas ganas y de tan mal talante, me estaba provocando este estado de ánimo porque en lugar de esperar a ver qué sucedía, intentaba adelantarme a los acontecimientos. Claro, yo no tenía conciencia de que mi estilo de razonar era en realidad irracional, para mí las cosas eran tal y como las pensaba —aunque yo creía que eran así porque las sentía—. Ahora, hasta me resulta gracioso darme cuenta de algo tan obvio, creemos que por el hecho de ser animales racionales, nuestro pensamiento es *racional,* y no se nos ocurre pensar que el pensamiento *racional* puede ser también irracional. Desde luego, Raimon, para mí resulta un descubrimiento esperanzador comprobar que estamos sujetos al pensamiento y no tanto a otras cuestiones, no sé si llamarlas genéticas, hormonales o caracterológicas. Me refiero a que en la medida que sea el pensamiento lo que nos hace sufrir hay esperanza, porque el pensamiento lo podemos *razonar,* podemos buscar los errores y corregirlos. Pero, en cambio, cuando me digo que soy un desgraciado porque he nacido con este destino, o una persona despreciable porque un antepasado mío también lo fue y por tanto está en mis genes, o un depresivo crónico porque alguna cosa en mi interior no está bien, me quedo con las manos atadas, sólo puedo resignarme, ¿no es cierto?»

ACEPTACIÓN DEL TRATAMIENTO

En general, el tratamiento que proponemos en este libro resulta un gran alivio para todas aquellas personas que no saben cómo desasirse de su terrible depresión, tristeza o apatía. La experiencia clínica me ha demostrado que un gran número de pacientes, cuando comprenden las líneas generales sobre las que se basa esta terapia, se esperanzan al tiempo que nace en ellos una voluntad, traducida en algo que podríamos llamar *energía,* de poner fin a lo que ha sido la tónica general en su vida pasada: la tristeza, la amargura, la culpa, y la inseguridad. Según me han confesado algunos de ellos, el primer gran cambio transformador surge a partir del momento en que se dicen a ellos mismos: «¡BASTA!, hasta aquí hemos llegado. Es hora de dejar las lamentaciones y empezar a vivir.»

Creo que el sentimiento de esperanza nace cuando la persona descubre que está dotada de libertad para hacer, de autonomía para modelarse a sí misma; cuando acepta su pasado y se responsabiliza tanto de sí misma como de su futuro. Pero si ello es posible es porque la teoría cognitiva proporciona los instrumentos para dar este paso hacia la estabilidad psíquica y madurez personal. Como dijo una de mis pacientes: «Hasta ahora todo el mundo me decía que para que las cosas me fueran bien debía hacer esto y aquello otro, pero nadie me decía cómo debía hacerlo.»

ÉXITO DEL TRATAMIENTO

La terapia cognitiva ha demostrado su eficacia en casos de depresión grave, pero también en pequeños trastornos que, sin tener gran importancia, contribuyen a complicarnos la existencia. El sentimiento de culpa, la baja autoestima, la vulnerabilidad ante la crítica o la tendencia a no hacer nada son algunos ejemplos de pequeños desequilibrios que causan infelicidad.

Como ocurre en casi todos los ámbitos de la vida, el éxito de la terapia depende, en última instancia, del propio esfuerzo. La voluntad de ayudarse a uno mismo es, por supuesto, el requisito previo. No es nada fácil definir en qué consiste esta voluntad pero podríamos decir que es una fuerza que surge en nuestro interior cuando comprendemos esencialmente que:

- Hasta ahora las cosas no nos han ido bien o no tan bien como nos podrían haber ido.
- Nosotros somos los responsables de que ello haya sido así.
- Merecemos una calidad de vida mejor.
- Sólo nosotros mismos podemos hacer que nuestra vida sea una experiencia enriquecedora y, además, podemos lograrlo.

La voluntad de encontrar equilibrio y bienestar, y la creencia firme de que merecemos hallarla es, por decirlo de alguna manera, la *fuerza motora* que nos permite ponernos a construir esa nueva *casa* en la que deseamos habitar. Los cimientos los ponemos cuando comprendemos las líneas generales sobre la que se fundamenta la terapia cognitiva, y, las paredes las alzamos al aplicar este marco teórico a nuestra vida cotidiana. Se trata, en resumen, de un trabajo de interiorización y construcción en uno mismo.

Aunque los primeros resultados de la terapia cognitiva son rápidos y comprobables casi desde el principio, no es recomendable dejarse deslumbrar por ellos. Cuando en las próximas páginas entre en contacto con los pensamientos distorsionados, rápidamente notará que su visión e interpretación de algunas cosas que le hacían sufrir se positiviza. Lógicamente, se sentirá bastante aliviado pero aun así no debe *relajarse.* Tenga en cuenta que usted lleva años y años atormentado por ciertos pensamientos, que esos pensamientos están fuertemente arraigados en su estructura mental y que deberá trabajar con constancia para demoler su antiguo sistema lógico y construir uno nuevo y racional.

No es cosa de dos días derribar los tabiques de nuestra vieja casa. Sus paredes son muy gruesas, como las de las construcciones antiguas, y un trabajo efímero y superficial puede desportillarlas, pero no tumbarlas. Nuestro objetivo es el derribo para crear un nuevo espacio limpio y oxigenado que llenaremos de pensamientos más sanos, más útiles y racionales. Cuanto más esfuerzo estemos dispuestos a emplear en ello, tanto mejor serán los resultados porque más firmes serán los cimientos.

En este libro aprenderá a detectar y eliminar sus pensamientos distorsionados. Por mi parte, incluyo múltiples ejemplos que le facilitarán su asimilación. El resto debe ponerlo usted. Esto significa que es preciso que adapte la teoría a sus circunstancias personales, creencias y valores; que, como se dice actualmente, le dé un trato personalizado. Recomiendo que durante las primeras semanas trabaje duro en ello. Dedíquese tiempo a usted mismo, ya que de ello depende su bienestar futuro a corto y largo plazo. Y, sobre todo, mímese. Cada pequeño logro del que tenga consciencia, cada pensamiento negativo que sea capaz de detectar y racionalizar equivale a un paso de gigante y como tal merece ser celebrado. Y, cuando se equivoque, felicítese también porque ha sido capaz de darse cuenta de sus errores, y eso es también un paso hacia el bienestar. No se impaciente. Como dijo Antonio Machado: *«Caminante no hay camino/se hace camino al andar.»* Disfrute del paisaje. No lo subestime pensando en la meta. Así lo veía una de mis pacientes.

«Antes, cuando pensaba en mis defectos, en todo lo que debía hacer por mí misma para hacerme más *valiosa* como persona, me desesperaba tanto que acababa en la cama, tapándome con una sábana hasta la cabeza, y deseando no despertar jamás. Ahora, en cambio, cuando pienso en algunas cosas que desearía pulir me digo que todo llegará. Me siento muy alegre cuando me veo a mí misma diciéndome: "Tranquila, todo llegará." ¡Sentir alegría por algo que todavía no he hecho es algo inaudito en mí! Antes sólo era capaz de ver lo que no era y deseaba ser, pero al percibir mis carencias y errores me sentía totalmente desvalida, un ser sin valor alguno. Ahora, en cambio, mi valor no varía si hay aspectos en mí, digamos, imperfectos. Miro lo que deseo cambiar, pero a la vez hago balance de todo lo que ya he hecho, y eso me hace amarme más, me enorgullezco de todos mis logros, aun cuando son pequeños, incompletos e insuficientes. Cada paso, por insignificante que parezca, es para mí un éxito porque significa que hago algo positivo que antes no hacía. Por tanto, cada pequeño cambio que produzco en mi actitud me hace un poco mejor que antes, cuando simplemente me limitaba a refugiarme en la oscuridad de mi cuarto.»

Ciertamente, se trata de un trabajo lento e intenso porque tenemos que desalojar de nuestra mente todos los pensamientos que durante años nos han hecho desdichados. Además, no podemos desterrar un pensamiento y dejar un espacio vacío. *Sólo podemos eliminar las cogniciones irracionales, sustituyéndolas por otras racionales.* Ello significa que debemos detectar qué cogniciones son erróneas, por qué son erróneas, y racionalizarlas para que dejen de serlo. Esto al principio exige un gran trabajo por nuestra parte, método y disciplina, hasta que llegue el día en que no sea necesario porque los pensamientos racionales habrán ocupado el lugar de los antiguos pensamientos irracionales, convirtiéndose en automáticos.

El juego de la hormiga

Cuando lea este libro, seguramente le animará bastante comprobar que sus problemas tienen solución, pero quiero insistir en que no basta ni con el entusiasmo ni con una lectura apresurada. Sólo con un trabajo de superación diaria conseguirá transformar el ímpetu inicial en un estado de bienestar permanente. A mis pacientes suelo darles el siguiente ejemplo: adiestrar nuestra mente en los pensamientos racionales es como aprender inglés. No basta con pagar la matrícula y asistir de vez en cuando a las clases. Aprender un idioma extranjero o aprender un estilo de pensamiento es un auténtico proceso. Sólo se puede avanzar paso a paso, con constancia y sin saltarnos ningún estadio.

Todo aprendizaje requiere unas horas mínimas de *rodaje.* ¿Recuerda la primera vez que condujo un coche? Yo sí lo recuerdo. Apenas conduje un kilómetro, pero eso fue más que suficiente para que llegara a casa totalmente tenso, con un fuerte dolor de cervicales. Ahora, en cambio, conduzco grandes distancias sin apenas darme cuenta. Con este ejemplo quiero significar que cuando nos enfrentamos por primera vez al aprendizaje de algo nuevo, tenemos la impresión de que va a ser muy difícil y apenas podemos imaginar el final de ese proceso. Sin embargo, con el tiempo acaba convirtiéndose en algo sencillo y automático para nosotros, y lo que nos resulta curioso es recordar lo asustados que estábamos ante ese nuevo reto que teníamos por delante.

Sin duda se requiere trabajar con perseverancia, pero las transformaciones a nivel humano, en tanto que ganancias en seguridad, bienestar y autoestima, son tan grandes que cualquier esfuerzo se ve ampliamente recompensado por los resultados. Yo siempre lo comparo con el trabajo laborioso de las hormigas.

Respecto al trabajo, la constancia y el esfuerzo que se requiere para remodelar nuestro sistema de pensamiento, me gustaría apuntar la siguiente reflexión. Si nos encontráramos en graves apuros económicos tomaríamos medidas, por ejemplo trabajar horas extras o practicar el pluriempleo. Si nos doliera la cabeza continuamente acudiríamos a un especialista. Si tuviéramos que aprobar un examen muy difícil duplicaríamos las horas de estudio a fin de asegurarnos el aprobado. Trabajar para conseguir determinados objetivos es algo que ni siquiera nos cuestionamos. Sabemos que debemos esforzarnos y no dudamos en hacerlo. Sin embargo, curiosamente, cuando nos planteamos metas *intrínsecas* como dejar de fumar, hacer dieta, practicar algún deporte, o, como es el caso, seguir una autoterapia para mejorar nuestro sistema de pensamiento, la primera excusa que acude a nuestra mente para no intentarlo es el trabajo y la constancia que nos exigiría.

Explicar esta paradoja y enseñársela a la gente ha sido uno de los grandes objetivos didácticos de muchos psicólogos. Es importante que poco a poco vayamos tomando conciencia de este hecho, que comprendamos que de la misma manera que tomamos medidas para solucionar problemas externos, también debemos hacerlo para resolver nuestros conflictos internos o perturbaciones de nuestros estados de ánimo, con más razón si cabe, puesto que, en última instancia las perturbaciones interiores se reflejan e interfieren en nuestra conducta externa.

Puede que usted esté pensando: «De acuerdo, eso está muy bien, pero yo no puedo hacerlo.» Cuando pensamos de esta manera olvidamos la gran cantidad de cosas que hemos aprendido a lo largo de nuestra vida. La vida es un largo proceso de aprendizaje que sólo finaliza con la muerte. Andar, hablar, escribir, memorizar poemas, vestirnos solos, conducir o cocinar son algunas de las cosas que hemos aprendido. En el ser humano todo es aprendizaje. Pero aprendemos a largo término, siguiendo fielmente un proceso. Primero aprendemos a sumar, después a restar, más tarde a multiplicar y por último a dividir. No se aprende a restar si antes no se ha aprendido a sumar, ni a dividir si previamente no se domina la multiplicación. El bienestar, la autoestima y la felicidad también se aprenden. ¿Por qué vamos a dejar algo tan importante librado a la suerte? Juegue al juego de las hormigas. ¡Usted también puede hacerlo!

LA METÁFORA DEL RESTAURADOR

Me gusta comparar el trabajo de adiestramiento en el pensamiento racional con el del restaurador que devuelve a viejos objetos artísticos su aspecto original. A menudo les digo a mis pacientes que cada uno de nosotros es como un cuadro, una estatua o una vasija de valor incalculable. Ambos, objeto y seres humanos, estamos expuestos al deterioro: la luz, el calor y la humedad alteran los colores del lienzo; el devenir de la vida, con sus circunstancias y nuestra mayor o menor habilidad para encararlas también nos deterioran y alteran. Sin embargo, al igual que ocurre con el retablo, los frescos de una iglesia o la estatua griega, los cuales no pierden su valor esencial con el deterioro, así ocurre con nosotros.

Claro que como, a pesar de todo, no somos objetos sino personas, nuestro valor radica en la propia existencia, independientemente de nuestros logros. El valor del objeto es externo, dependiente de que confluya en él el gusto artístico; el de las personas, por el contrario, es intrínseco.

La metáfora del restaurador es significativa porque los objetos de valor y los seres humanos, siempre valiosos, acabamos con el tiempo necesitando una mano que nos devuelva nuestro esplendor inicial. Y si el cincel y la espátula son las herramientas del restaurador, la terapia cognitiva es una herramienta válida para que los seres humanos recobremos el equilibrio psíquico y emocional.

Atención continuada

Algunos pacientes me preguntan si el tratamiento en terapia cognitiva es definitivo. Mi respuesta es forzosamente ambigua: sí y no.

- Es *definitivo* en tanto que nos permite modificar, en muy poco tiempo, los pensamientos distorsionados que nos causaban sufrimiento y nos privaban del equilibrio psíquico-emocional.

- Es *definitivo* en tanto que aprendemos unas técnicas que podemos volver a poner en práctica siempre que lo consideremos necesario. Aún más, si en lugar de hacer un uso puntual de estas habilidades cognitivas las incorporamos a nuestro sistema lógico, utilizándolas de modo continuado y con una actitud de superación constante tanto en el ámbito personal como en el de calidad de vida, la terapia cognitiva adquiere un beneficioso carácter preventivo.
- No es *definitivo* si entendemos por ello que nunca más volveremos a sentirnos mal. Todos los seres humanos estamos sujetos a estados de ánimo variables, a circunstancias que nos causan a veces malestar y a veces un gran dolor; aceptarlo es un buen primer remedio para no sucumbir a la aflicción ante el menor escollo.

La terapia cognitiva no es, en este sentido, una pócima para conseguir la felicidad eterna. Pero en su favor podemos decir que las personas que incorporan a su sistema de pensamiento las técnicas cognitivas acaban utilizándolas con gran premura y pericia, por lo que difícilmente los acontecimientos negativos que sufran durante el resto de su vida derivarán en un trastorno psicológico. Como apuntábamos arriba, las técnicas cognitivas nos inmunizan contra los estados de ánimo irracionales. Esto significa que podemos, en tanto que seres humanos, sentir una gran tristeza ante por ejemplo, la pérdida de un ser querido, pero difícilmente experimentaremos una depresión autodestructiva y paralizante que nos quite las ganas de vivir y anule nuestra autoestima como individuos.

Cuando las personas partimos del conocimiento de las habilidades cognitivas, el camino se aligera, tratándose básicamente de que, a partir de ese momento, produzcamos sobre nosotros mismos las pequeñas *restauraciones* que sean necesarias, para no volver a ser nunca más —y en este caso sí es *nunca más*— seres vulnerables y deteriorados.

¿CUÁNDO ES NECESARIO ACUDIR AL PSICÓLOGO?

Bienestar, autoestima y felicidad es un libro de autoayuda elaborado con un doble objetivo:

- Guiar a los lectores en una autoterapia para la superación de pequeños esquemas de conducta distorsionada.
- Servir como libro de apoyo en las intervenciones guiadas por un profesional de la psicología.

En un gran número de casos, la lectura, asimilación y aplicación de las directrices de este libro será suficiente para que recobre un tono vital positivo. No obstante, no podemos dejar de anotar algunas excepciones en las que se recomienda la intervención directa de un profesional de la psicología. En los supuestos que citaremos a continuación, el uso de la bibliografía se aconseja únicamente como apoyo o material complementario.

- Si cree que ha perdido todo resquicio de esperanza y piensa sinceramente que está acabado y que su depresión es incurable.
- Si sus estados de ánimo depresivos no responden a típicos altibajos emocionales sino que son regulares y constantes.

Quisiéramos aún apuntar otros síntomas que pueden ser indicativos de un trastorno mental grave, apuntados por el doctor David D. Burns en su excelente libro *Sentirse bien.*[1] Si se ve reflejado en alguno de los supuestos que indicamos a continuación, acuda a un especialista en salud mental.

- Si cree que todo el mundo está en contra de usted, y que confabulan a su espalda para causarle algún daño.
- Si vive experiencias inexplicables, como alucinaciones o sucesos paranormales.
- Si siente qúe ha perdido el autocontrol y que su conducta está regida por fuerzas ajenas a usted.
- Si teme que las personas que le rodean lean sus pensamientos.
- Si oye voces externas que le hablan.
- Si cree que los objetos (como la radio o la televisión) se comunican con usted.
- Si ve *fantasmas*, imágenes simbólicas de presagio, etc.

Para finalizar, recomiendo que visite a su médico de cabecera para asegurarse de que no padece algún trastorno somático. Tenga en cuenta que algunos síntomas físicos como el insomnio, los ritmos de sueño exagerados, los mareos, el estreñimiento, la fatiga, la falta de apetito, etc., pueden responder tanto a un trastorno depresivo como a un trastorno simplemente físico.

1. David D. Burns. *Sentirse bien. Una nueva fórmula contra las depresiones* (Feeling Good. The new mood therapy). Traducción de Beatriz López y Graciela Jáuregui Lorda de Castro. Paidós Ibérica, S. A., Barcelona 1990. pp. 39-41.

I

EL EQUILIBRIO PSÍQUICO ESTÁ EN LA MENTE

El punto cero no está en el corazón, ni en el estómago como creían los antiguos. El punto cero, si es que así puede decirse, está en nuestro cerebro. La mente es el centro neurálgico donde procesamos toda la información acerca del mundo, de nuestro yo, y del futuro de nuestro yo en el mundo que nos rodea. Las creencias, valores, actitudes y expectativas que modelan nuestra conducta no son fruto de las emociones ni se generan en el corazón, sino que son fruto de los pensamientos. El llanto, la carcajada, el sentimiento de derrota o de triunfo, el amor o el desamor, el abatimiento o la dicha, la frustración, la culpa o la tristeza son consecuencias del pensamiento, no sus causantes.

Nuestro *tono vital,* es decir, el que adoptemos una actitud positiva o negativa ante la vida, el que nuestra relación personal con el mundo que nos rodea sea satisfactoria, el que la relación que mantenemos con nosotros mismos sea armoniosa y benéfica depende del *tono* de nuestras cogniciones. *Todo pasa por el tamiz del pensamiento.*

SIENTO PORQUE PIENSO

Detrás de sentimientos negativos como la ansiedad, la depresión, la culpabilidad, la vergüenza o la ira siempre se esconde un pensamiento negativo. El pensamiento distorsionado y no el hecho objetivo es el causante de los estados anímicos dolorosos, de ahí que para acabar con las emociones negativas sea preciso corregir el pensamiento.

Cuando el pensamiento es racional, las emociones resultantes también lo son, y, aunque a veces pueden resultar dolorosas, siguen siendo racionales, coherentes, no autodestructivas. En cambio, cuando aceptamos nuestros sentimientos como una condena, cuando les otorgamos un poder omnipotente sobre lo que somos y lo que hacemos, acabamos atrapados en un estilo cognitivo inoperante que instala el sentimiento de fracaso en nuestra vida cotidiana. Nuestros pensamientos negativos se convierten en un hábito y nuestra familiaridad con ellos nos impiden ver los errores implícitos, haciéndonos creer que son básicamente correctos. Confundimos la costumbre con la operatividad o la eficacia. En realidad, ni siquiera nos planteamos la posibilidad de que no lo sean y, de esta manera caemos en las redes de un círculo vicioso asfixiante. Una y otra vez, como si la experiencia perdiera su papel corrector, repetimos patrones de conducta que nos llevan indefectiblemente al fracaso o la insatisfacción, experimentamos de manera recurrente las mismas emociones autofrustrantes, y todo porque hemos automatizado un determinado número de pensamientos negativos que provocan una reacción emocional-conductual igualmente negativa. Nos convertimos en algo parecido a una máquina que repite conductas autofrustrantes. Sabemos que las cosas pueden ser diferentes, y de hecho esta certeza contribuye a incrementar nuestro dolor, pero hemos perdido la capacidad para actuar en sentido contrario. En nuestro intento de justificar nuestra aflicción, focalizamos nuestra mirada en causas externas, en lugar de aceptar que somos responsables de ella. La no responsabilidad nos alivia temporalmente pero, a cambio, nos despoja de la libertad para reconstruir nuestro mundo y nuestro yo, y para esbozar un proyecto de futuro. Con esta actitud, cualquier intento de mejora resulta infructuoso porque no nos responsabilizamos de nuestros pensamientos ni reconocemos la responsabilidad que ellos tienen sobre nuestro estado de ánimo deprimido. La solución, la curación, como hemos dicho repetidamente, pasa por cambiar nuestras pautas de pensamiento.

Más adelante, explicaré qué debe hacer para transformar su estilo cognitivo, pero de momento podría empezar registrando qué piensa (qué se dice a usted mismo) cuando cae en un estado de ánimo depresivo. Tenga en cuenta que *antes* de sentirse triste, irritado o frustrado, usted piensa la tristeza, la irritación o la frustración, así que no basta con anotar lo que piensa mientras se siente mal sino que también debe tomar nota de lo que piensa antes de que el malestar se manifieste. Aunque por ahora no vamos a entrar a valorar las distorsiones cognitivas, llevar a cabo este primer ejercicio tiene su lógica por las siguientes razones:

- Si para cambiar un estado anímico autodestructivo debemos reestructurar el pensamiento que lo genera, antes debemos *detectar* dicho pensamiento.
- Permite una primera toma de contacto con nuestro esquema cognitivo.
- Permite detectar en qué momentos o circunstancias concretas nos sentimos mal y qué pensamientos barajamos en estos casos.
- Permite comprobar que efectivamente nuestros sentimientos negativos vienen precedidos y acompañados por unos pensamientos igualmente negativos.

Abajo, reproducimos la hoja de autorregistro que utilizamos en la clínica con nuestros pacientes. En ella y, a modo de ejemplo, reproducimos el autorregistro elaborado por una paciente de cuarenta y tres años, aquejada de un trastorno de hipocondría. Un dato importante es que el padre de esta mujer había muerto de un cáncer de estómago.

Como verá, la cumplimentación de este registro es muy sencilla. Durante un espacio temporal limitado (por ejemplo, los siete días que transcurren entre una visita y la siguiente) se observan y anotan las siguientes tres variables:

1. Situación activadora. La circunstancia que provoca el pensamiento.

2. Pensamiento. La interpretación (lo que nos decimos a nosotros mismos) que hacemos de la circunstancia activadora.

3. Emoción. Definición del sentimiento negativo que experimentamos tras la interpretación de la circunstancia activadora; por ejemplo, preocupación, desánimo, ansiedad, etc.

También se determina, en una escala del 0 al 10, la intensidad de dicha emoción. Interpretar numéricamente el grado de emoción es importante porque hay que tener en cuenta que un rasgo característico de las personas deprimidas es el pensamiento dicotómico. Por eso, cuando se les pregunta cómo están, su respuesta siempre es absoluta: o están muy bien o están muy mal.

Gracias a la cumplimentación de este requisito, el paciente aprende a diferenciar sus diferentes estados emocionales, y que entre estar muy bien o muy mal hay un intermedio muy amplio de niveles emocionales.

SITUACIÓN ACTIVADORA	PENSAMIENTO	EMOCIÓN (0-10)
En la consulta, mientras el psicólogo me explicaba en qué consiste la terapia cognitiva.	«No creo que pueda aprender a pensar de otra manera.» «No creo que tenga pensamientos absurdos.»	Preocupación (4)
Náuseas en el estómago.	«Mientras no me ponga bien físicamente no puedo aspirar a emprender una vida nueva.» «Últimamente no salimos de médicos y farmacias.»	Desánimo (6)
Náuseas en el estómago.	«¿Tendré algo malo en el estómago?»	Ansiedad (8)
Sangre en el pañuelo.	«¿Tendré algo en el pulmón?» «Tengo una gran obsesión por la salud y las enfermedades. Esto me causa una gran ansiedad. Dudo que haya algún tratamiento capaz de quitarme esta obsesión por las enfermedades.»	Ansiedad (10)

Los pensamientos automáticos

Es posible que en este punto del libro usted esté pensando: «Parece que todo se reduce a mis pensamientos. De acuerdo, ¡pero yo no pongo mis pensamientos en mi cabeza!» Ciertamente, sus pensamientos distorsionados están tan incrustados en su estilo cognitivo que ha acabado por automatizarlos. Pero la dificultad no se halla exclusivamente en que los pensamientos distorsionados acaban siendo automáticos, yo creo que la gravedad parte del momento en que, por nuestra familiaridad con ellos, dejamos de plantearnos el que sean operativos. Nos convertimos en *el animal que tropieza dos veces en la misma piedra.*

Lo verdaderamente nocivo de los pensamientos distorsionados es su capacidad de camuflaje. Detrás de ellos hay una pesada carpeta de experiencias personales, interrelaciones sociales, influencias histórico-político-sociales, adiestramiento educacional, etc; sin embargo, acabamos pensando que nosotros somos realmente lo que pensamos —o lo que sentimos—, y ni siquiera nos planteamos que puedan existir otras alternativas. Aceptamos que somos depresivos, tímidos, miedosos, dependientes... «Yo soy así.»

El camuflaje de las cogniciones distorsionadas también se manifiesta en el hecho de que aparecen ante nosotros como racionales. Lo que pensamos nos parece tan *certero* e *incuestionable* (términos absolutos como éstos son casi siempre una prueba de la irracionalidad que implican) que no nos planteamos nada más. De hecho, la sensación de que estamos ante una verdad total nos lleva a una especie de enajenación, nos entregamos a ese pensamiento distorsionado y abandonamos la posibilidad de razonar en otro sentido. En estos momentos, lo último que se nos ocurriría pensar es que estamos sometidos a una cognición errónea.

Cuando avance en este libro, se irá dando cuenta de cuánta verdad hay en esto. Comprenderá que quizá durante años usted ha estado sometido a un pensamiento que le causaba aflicción y que, cuando esto ocurría, toda su energía se malgastaba en sentir el dolor, sin buscar una solución. Algunos pacientes, al comprender esto dicen sentir pena por «Tantos errores cometidos», «El tiempo que he perdido inútilmente», «Los sufrimientos innecesarios», «Complicarme la vida cuando la vida es mucho más sencilla de lo que creía», etc. Pero, cuando se llega a estas conclusiones, no hay que dar pie a los lamentos; darse cuenta de los errores siempre es positivo porque constituye el primer paso para corregirlos.

Mundo, pensamiento y sentimiento

Ahí, en ese punto espacial y temporal en el que se encuentra ahora mismo, hay un mundo que le rodea. Ese mundo está formado por millares de personas que actúan ajenas a usted, y que producen una serie ininterrumpida de acontecimientos de los que usted tiene noticia y en los que, a veces, participa.

Desde ese minúsculo espacio que usted ocupa en el planeta, observa el mundo y los acontecimientos que ocurren en él, y los interpreta. La mayoría de veces, usted no se limita a actuar como un simple observador sino que adopta el papel de juez. Se inmiscuye en los acontecimientos, se da por aludido, se deja alterar por ellos y dictamina si lo que ve está bien, regular o mal. Elabora un discurso interno a partir de sus propias creencias, valores, actitudes y expectativas (cogniciones), que son los criterios que utiliza para fallar con un veredicto positivo, negativo o neutro los acontecimientos.

La interpretación que usted hace del mundo, formulada a partir de una serie de pensamientos, condicionan su estado de ánimo. Así, si su interpretación es positiva, las emociones resultantes también lo serán; e igual ocurre si la interpretación es negativa o neutra.

MUNDO	Acontecimientos que nos ocurren.
PENSAMIENTO	Diálogo interno o interpretación positiva, negativa o neutra que hacemos de esos acontecimientos.
SENTIMIENTO	Interpretación positiva, negativa o neutra de los acontecimientos que provoca un estado de ánimo positivo, negativo o neutro.

PENSAMIENTOS RACIONALES Y PENSAMIENTOS IRRACIONALES

Cuando, desde una perspectiva cognitiva, explico a mis pacientes que los hechos reales no tienen poder para provocar un estado de ánimo determinado, sino que es su interpretación de los hechos la que provoca que se sientan alegres, tristes o enfadados, su reacción más inmediata es alegar que existen hechos objetivamente negativos, capaces de *«destrozar a cualquiera»*.

Es cierto que hay acontecimientos en sí mismos negativos, como la muerte de un ser querido, una catástrofe natural o fuertes pérdidas económicas. Esto es incuestionable. Pero incluso así existen interpretaciones racionales de estos acontecimientos e interpretaciones irracionales.

Es muy importante que conozcamos la diferencia entre los pensamientos racionales y los irracionales. Para hacerlo, el primer paso es comprender que el pensamiento es una hipótesis que formulamos sobre la realidad. Esta hipótesis o interpretación puede ser racional o irracional. Decimos que un pensamiento es racional cuando es verificable, real, cierto y provoca emociones moderadas que están en consonancia con el acontecimiento que ha activado el pensamiento. En cambio, un pensamiento es irracional cuando no se puede verificar con la realidad y provoca emociones desmesuradas que no están en consonancia con el acontecimiento que ha activado el pensamiento. Veamos algunos ejemplos:

EJEMPLO	PENSAMIENTO RACIONAL	PENSAMIENTO IRRACIONAL
Viudedad	«¡Nunca pensé que podía sentir una tristeza tan grande! He perdido al amigo, al compañero, al padre de mis hijos, al amante. He perdido a la persona más significativa de mi vida. Le echaré profundamente de menos. Ahora mis hijos y yo debemos ser doblemente fuertes, porque él ya no está entre nosotros para darnos su calor y su fuerza. Debemos unirnos como una piña y ayudarnos unos a otros para superar esta desgracia.»	«¿Qué va a ser de mí? Me he quedado sola en el mundo. No es justo. Jamás podré superar esta desgracia. Sin él no merece la pena seguir viviendo. ¡Deseo morir!»
Diagnóstico de una enfermedad crónica	«¡Qué disgusto! Nunca pensé que esos dolores fueran cosa seria. Ahora no me queda más remedio que aceptarlo. Si me deprimo lo único que voy a conseguir es tener dos enfermedades por el precio de una. ¡No, gracias! Mejor será tomarlo con calma, seguir religiosamente todas las indicaciones del médico, e inventarme una vida nueva. Al fin y al cabo, aún hay cosas que puedo hacer. No voy a permitir que mi vida se vaya al traste por una enfermedad. Además, no estoy solo en el mundo. Me debo a los míos. Hay que salir adelante. ¡Hay que vivir!»	«¡Estoy acabado! De la noche a la mañana me he convertido en un inútil que no sirve para nada. La vida se ha acabado para mí.»

EJEMPLO	PENSAMIENTO RACIONAL	PENSAMIENTO IRRACIONAL
Importantes pérdidas económicas	«¡Qué error más grande! Pensé que era una operación segura, pero evidentemente me equivoqué. Ahora lo que me gustaría es desaparecer, correr cientos de kilómetros y evaporarme. Pero éste no es el camino. Nunca lo es. Si me hubiera dejado atemorizar cada vez que las cosas se han puesto difíciles nunca hubiera conseguido todo lo que he logrado en la vida. He tenido un fracaso estrepitoso, es cierto, pero también he obtenido muchos éxitos a lo largo de mi vida. Haciendo recuento, he triunfado más veces de las que he fracasado, así que, a pesar de todo, el balance es positivo. He perdido muchísimo dinero, pero si lo he perdido es porque lo tenía, porque lo he ganado, y también podía perderlo. Ganar y perder forma parte del juego. Ahora lo que tengo que decidir es si merece la pena seguir en este juego, si es mejor empezar de nuevo, o contentarme con lo que aún me queda y dedicarme a vivir la vida tranquilamente con mi familia.»	«¡Es el fin! He tirado toda una vida de trabajo por la ventana. Acabo de entrar en la lista de los fracasados. Todos me despreciarán. Más me valdría no haber nacido.»

EMOCIONES RACIONALES Y EMOCIONES IRRACIONALES

Ante un acontecimiento objetivamente negativo, es lógico que usted manifieste una emoción negativa. Ahora bien, hay dos tipos de emociones negativas: la racional y la irracional. Cuando a usted le ocurre un acontecimiento objetivamente negativo (muerte de un familiar, pérdida de trabajo, enfermedad, etc.) y lo interpreta de modo racional, desarrolla una emoción negativa pero racional, es decir, apropiada y ajustada a la situación. En cambio, si le ocurre un acontecimiento objetivamente negativo y lo interpreta de modo irracional, desarrolla una emoción negativa irracional, es decir, inapropiada y totalmente desajustada a la situación.

Aunque el anhelo general del ser humano es alcanzar un grado adecuado de felicidad, conseguirlo pasa por la aceptación del dolor. Lo único que está en nuestras manos es aprender a manejar este dolor para que no anule nuestra identidad. Es normal, e incluso sano, sentir tristeza si perdemos a un ser querido, pero no es apropiado en cambio caer en una profunda depresión por ello. Es normal sentirse disgustado cuando algún amigo se comporta mal con nosotros, pero es anormal caer en un estado de ira por ello.

A continuación, exponemos un cuadro de ejemplos donde se distinguen las emociones negativas apropiadas de las inapropiadas.

EMOCIÓN RACIONAL	EJEMPLO	EMOCIÓN IRRACIONAL	EJEMPLO
Inquietud	Espero conseguir ese empleo. Si no lo consigo tendré que volver a pasar otra vez por el suplicio de las entrevistas de trabajo.	Ansiedad	Si no consigo ese empleo será mi fin.
Tristeza	Estoy triste porque no he conseguido ese empleo, pero entraba dentro de las posibilidades.	Depresión	Nunca consigo lo que deseo, no valgo para nada, soy un perfecto desastre en todo lo que me propongo.
Dolor	Siento haberle contestado de una manera tan brusca, pero todo el mundo reaccionamos mal de vez en cuando.	Culpabilidad	Soy una mala persona, he herido sus sentimientos.
Desilusión	Me he desilusionado por que no me han prestado atención cuando para mí era muy importante que me escucharan.	Vergüenza	¡Qué vergüenza!, ¡qué van a pensar de mí!, hablaba de cosas que no in teresaban a nadie.
Disgusto	No me gusta que sea impuntual, me siento incómodo/a esperándolo/a.	Ira	¡Nunca más volveré a quedar con él/ella, es insoportable! ¿Cómo se atreve a hacerme esperar tanto tiempo? No quiero saber nada de él/ella.

SEGUNDA PARTE

II

LOS PENSAMIENTOS PERTURBADORES

Una parte de la población mundial goza de todo lo imprescindible para vivir una existencia feliz. Tenemos alimentos, un techo bajo el que cobijarnos, ropa para protegernos del frío, una familia, algunos amigos y un trabajo que nos permite adquirir comodidades. Es posible que algunas personas opinen que este argumento es demasiado fácil, pero yo creo sinceramente en él. Imaginemos que estoy en lo cierto, que las cosas son realmente así, entonces ¿por que hay tanta gente infeliz? No es posible responder categóricamente a esta pregunta pero sí podemos decir que la mayoría de nuestros problemas surgen porque nuestro estilo cognitivo está distorsionado.

En el capítulo I hemos visto lo que se entiende por *estilo cognitivo distorsionado*, pero conviene volver brevemente a ello. Decíamos que el *estilo cognitivo* es la forma particular que tiene cada uno de ver e interpretar el propio yo, el mundo que nos rodea y el futuro. Nuestro estilo cognitivo puede ser racional o distorsionado. Hablamos de un estilo cognitivo distorsionado cuando *nuestros pensamientos sobre la realidad no son verificables y nos provocan emociones negativas que no están en consonancia con el acontecimiento activador.*

A continuación vamos a repasar, uno a uno, los diferentes tipos de pensamientos distorsionados.[2] Este capítulo es especialmente importante porque el primer paso para abordar con éxito esta terapia es la identificación de los pensamientos irracionales, distorsionados o perturbadores que afectan negativamente a nuestra calidad de vida, ya que condicionan nuestra visión e interpretación del mundo así como nuestra conducta resultante.

Los pensamientos distorsionados se dividen en diez tipos diferentes:

1. Pensamiento todo/nada.
2. Generalización excesiva.
3. Filtro mental.
4. Descalificación de lo positivo.
5. Conclusiones apresuradas.
6. Magnificación o minimización.
7. Razonamiento emocional.
8. Enunciaciones «debería».
9. Etiquetación.
10. Personalización.

Aunque, como verá, cada uno de estos pensamientos tiene unas características concretas, a menudo se interponen unos a otros, dificultando a veces una catalogación estricta y cerrada. Con frecuencia se encontrará

2. Según la clasificación propuesta por David D. Burns en *Sentirse bien. Una nueva fórmula contra las depresiones*, pp. 46-53.

con que, al tratar de clasificar un pensamiento en alguno de los diez tipos registrados, dicho pensamiento resulta polivalente y, por tanto, puede encuadrarse en varias de las categorías apuntadas o bien contiene varias distorsiones cognitivas a la vez.

Veamos un ejemplo para que quede más claro. Supongamos que usted tiene que escribir un proyecto para que le concedan una beca. Cada vez que se pone a hacerlo, se siente tan abrumado por la responsabilidad del proyecto que busca alguna excusa para abandonar la tarea. Esto le hace sentir tan desanimado que se dice a sí mismo: «Soy un incompetente. No puedo hacerlo. No acabaría de escribir este proyecto ni en cien años. De todas formas no vale la pena que me esfuerce porque igualmente me van a denegar la beca.» Si usted, una vez que conozca las diferentes clases de pensamientos perturbadores, quisiera discernir en qué tipo de distorsión cognitiva puede catalogarse el suyo, comprobaría rápidamente que casi nunca es posible encasillarlo en un único apartado ya que en él aparecen varias distorsiones a la vez. En este caso concreto hallamos el error del adivino, la magnificación, la generalización excesiva, el razonamiento emocional y la etiquetación.

Esto no debe inquietarle ni tiene por qué creer que no se sabe manejar con estos conceptos, simplemente ocurre que, a menudo, los pensamientos son tan complejos que contienen diversas distorsiones en su seno. Rara vez un pensamiento es *puro,* es decir, rara vez pertenece a una sola categoría. De igual manera, no es habitual que en el estilo cognitivo de una persona aparezcan todos los pensamientos perturbadores. Cuando estudie las diez distorsiones que aparecen en las próximas páginas, probablemente comprobará que algunas de ellas se ajustan a algunos de sus pensamientos y otras no. Es lo normal, no se inquiete pensando que no entiende los contenidos del libro. Del mismo modo que sería difícil encontrar una persona que no tuviera ningún pensamiento distorsionado, dudosamente podríamos encontrar otra que los tuviera todos a la vez.

Recomiendo que ponga todo su entusiasmo en el aprendizaje de las diez distorsiones cognitivas, que se emplee en ello hasta que las maneje con soltura. Piense que se trata del abecé de la autoterapia que vamos a emprender en breve y, aún más importante, que el principio de su bienestar empieza por el reconocimiento de estos diez pensamientos distorsionados.

Si hiciéramos una valoración en cantidad, parecería inverosímil que un grupo tan poco numeroso de pensamientos sea capaz de crear tanta aflicción en tantos seres humanos, pero así es. Si, además, comparáramos el escaso esfuerzo que se requiere para asimilar los contenidos implícitos en las diez distorsiones cognitivas con los abundantes beneficios que extraemos de ello, entonces sólo queda ponerse manos a la obra. ¡Vamos, empecemos!

PENSAMIENTO TODO O NADA

Consiste en valorar las cualidades personales a partir de categorías absolutas.

El pensamiento todo/nada es básicamente perfeccionista. Todo debe ser perfecto, de lo contrario es un fracaso. Los individuos con tendencia a razonar a partir de esta modalidad de pensamiento distorsionado no pueden soportar la idea de cometer ningún error, por insignificante que sea. Si esto ocurre, se desmoralizan pensando que todo lo bueno que han hecho hasta el momento no ha servido de nada o no cuenta. Un solo obstáculo no superado convierte en un fracaso flagrante todos los éxitos conseguidos hasta ese momento.

El pensamiento todo/nada —o pensamiento dicotómico— no es realista. Creer que todo debe ser absolutamente bueno para que sea válido es irreal porque la vida no se rige por la ley del blanco o negro; entre un color y otro existe una gama muy amplia de tonalidades grises que son las que imperan la mayoría de las veces. Los individuos con esta tendencia de pensamiento no aceptan que es *imposible* que todo les salga bien, de la misma manera que es *imposible* que todo les salga mal.

Las personas que siempre pretenden alcanzar el absoluto parten de unas expectativas exageradas. Esto les va a llevar a sentirse constantemente desilusionadas y a convencerse de que todo lo que hacen es un fracaso, porque rara vez la realidad se parece a lo que ellas imaginan o esperan.

Los individuos que aplican un pensamiento todo/nada razonarían por ejemplo de la siguiente manera:

PENSAMIENTO: TODO/NADA	ARGUMENTACIÓN RACIONAL
Soy infeliz porque no soy feliz.	Todo ser humano vive un número reducido de experiencias excepcionales y un número aún menor de experiencias traumatizantes. La mayoría de situaciones cotidianas no son ni muy buenas ni muy malas. El individuo que considera la felicidad como un estado excepcional se autocondena a experimentar este estado de bienestar escasas veces a lo largo de su vida.
Hoy me ha ido mal porque no me ha ido bien.	La mayoría de los días de nuestra vida son mediocres, no excepcionalmente buenos ni excepcionalmente malos. Una manera positiva de aceptar la normalidad de la vida cotidiana es pensar: «Hoy me ha ido bien, porque no me ha ido mal.»
Soy un mal profesional porque no soy un profesional públicamente reconocido.	No todos los arquitectos, abogados, médicos o financieros ocupan las páginas de los periódicos, ni son internacionalmente conocidos, y no por ello dejan de ejercer como tales y de valorar la función profesional que desarrollan.

Generalización excesiva

Consiste en que tomamos un acontecimiento negativo que nos ha ocurrido puntualmente y lo generalizamos, dando por hecho que va a repetirse siempre. Interpretamos un revés esporádico y aislado como si se tratara del paradigma de nuestra existencia. Las personas con tendencia a este tipo de pensamiento se repiten a sí mismas: «Así es mi vida. Siempre me pasa igual.»

La generalización excesiva tiene una incidencia lesiva sobre nuestro estado de ánimo ya que como suponemos que todo cuanto nos ocurre —y nos va a ocurrir— es negativo nos sentimos abatidos y derrotados.

Veamos algunos ejemplos de esta clase de pensamiento.

SITUACIÓN ACTIVADORA	PENSAMIENTO: GENERALIZACIÓN EXCESIVA	INFERENCIAS
Un joven muy tímido, después de un gran esfuerzo de superación de sí mismo, llama por teléfono a la chica que le gusta y la invita a salir. Ella le dice que no puede acompañarle porque ha quedado con otro amigo.	«No les gusto a las mujeres. Siempre me dicen que no. Jamás conseguiré que una se fije en mí.»	Debido a su timidez, ésta es la primera vez que le pedía a una chica que saliera con él, pero él generaliza esta experiencia negativa, dando por hecho que no gusta a las mujeres, que siempre se van a negar a salir con él, y que ninguna se va a fijar jamás en él.
Una joven es abandonada por su novio tras dos años de relación.	«Todos los hombres son iguales. Jamás volveré a confiar en ningún hombre.»	Ésta era la primera vez que un chico la había dejado –en sus otras relaciones había ocurrido a la inversa– pero ella supone que todos los hombres son iguales que su ex novio, y que no debe confiar nunca más en ninguno pues todos la van a abandonar.

SITUACIÓN ACTIVADORA	PENSAMIENTO: GENERALIZACIÓN EXCESIVA	INFERENCIAS
Una caída bochornosa en una recepción.	«Siempre hago el ridículo.»	No dice «Al caerme en medio de toda esta gente, me he sentido ridículo», lo cual puede ser una reacción emocional comprensible, sino «Siempre hago el ridículo», lo cual presupone en primer lugar que: (a) siempre se está cayendo; (b) caerse es ridículo y no un accidente como efectivamente es; (c) puesto que, según su criterio, caer al suelo es ridículo, él/ella es una persona ridícula; (d) hace el ridículo constantemente, no sólo cuando se cae sino siempre, algo bastante dudoso.

FILTRO MENTAL

Se define por la tendencia a fijarnos única y exclusivamente en los aspectos negativos de determinadas situaciones, sin atender a la parte positiva que pudiera haber implícita.

Un estilo cognitivo marcado por este tipo de pensamiento distorsionado provoca mucha angustia innecesaria, ya que quedamos tan obnubilados con la selección negativa que hacemos del acontecimiento, que somos incapaces de ver la situación con objetividad, de sopesar lo bueno y lo malo que hay en ella.

Un colega bautizó a este tipo de distorsión con el esclarecedor nombre de *ojo de mosca.* Con esta denominación trataba de explicar de una manera muy gráfica las concomitancias entre la tendencia de este insecto a preferir los lugares o cosas sucias para posarse, y la de las personas que ante dos posibles interpretaciones, una positiva y la otra negativa, eligen la última.

Este tipo de distorsión también ha sido bautizada con el nombre de *abstracción selectiva*. En cualquier caso, todas estas denominaciones definen nuestra tendencia a fijarnos sólo en la cara negativa de la realidad.

Veamos algunos ejemplos:

SITUACIÓN ACTIVADORA	PENSAMIENTO: FILTRO MENTAL	INFERENCIAS
En espera de saber los resultados del examen teórico del carnet de conducir.	«¡No tengo remedio! Seguro que he vuelto a suspender. Al menos tres preguntas no las habré contestado bien.»	El test teórico consta de 40 preguntas. La persona del ejemplo duda de si ha contestado bien a tres preguntas. En lugar de estar contento porque con bastante probabilidad ha contestado correctamente a 37 preguntas, centra toda su atención en las tres únicas preguntas de las que ha dudado.
Suspender el examen de Selectividad.	«No valgo para el estudio.»	Para acceder a las pruebas de acceso a la universidad, es necesario haber aprobado el bachillerato superior. Aproximadamente, un estudiante que llega a la selectividad anteriormente ha aprobado más de 400 exámenes. Aunque sólo lo miráramos desde un punto de vista cuantitativo, esta cifra es un argumento contundente para refutar la idea de cualquier bachiller de que no sirve para estudiar.
La anulación a última hora de una parte de un importante pedido.	«En el último momento he tenido que meter la pata. Nunca consigo hacer las cosas bien.»	En lugar de felicitarse por el éxito del pedido, al fin y al cabo se trataba de una transacción comercial de gran envergadura, centra toda su atención en aquella pequeña parte que no le ha interesado al cliente.

DESCALIFICAR LO POSITIVO

Consiste en transformar las experiencias positivas o neutras en negativas.

El pensamiento regido por este tipo de distorsión cognitiva se caracteriza por interpretar los acontecimientos positivos que nos suceden como una casualidad, y los negativos como un *castigo merecido.*

Las personas con tendencia a descalificar lo positivo suelen tener un bajo concepto de sí mismas, por eso niegan todas las cosas buenas que les pasan porque creen que no se las merecen.

La descalificación de lo positivo es una de las distorsiones más comunes porque culturalmente se nos ha adiestrado para que respondamos con modestia ante los halagos, y aceptemos humildemente las críticas. Esta actitud, llevada hasta los extremos, acarrea una gran tristeza a los seres humanos, ya que no pueden responder alegre y espontáneamente ante las cosas buenas que le suceden, y en cambio creen que deben aceptar lo malo como la ratificación de su poca valía como individuos. Lo bueno es una «casualidad sin importancia», lo malo por el contrario, ocurre porque «me lo he buscado», es un castigo «merecido».

Las consecuencias de dejarse gobernar por este pensamiento irracional son terribles; los individuos poco a poco pierden su capacidad de disfrutar de la vida y de las cosas positivas que ésta ofrece cotidianamente.

Veamos algunos ejemplos:

SITUACIÓN ACTIVADORA	PENSAMIENTO: DESCALIFICACIÓN DE LO POSITIVO	INFERENCIAS
Un halago.	«No lo dice sinceramente. Sólo quiere quedar bien.»	Convierte un hecho positivo como es un halago en algo negativo, ya que, al pensar que no es merecido, lo invalida.
Un comentario acerca del atuendo.	«¿Por qué se ha fijado en mi vestido y no en que me he cambiado el color del cabello? Es porque no le gusta y prefiere hacer como si no se hubiera dado cuenta. Le debo parecer horrible.»	Tergiversa un comentario positivo acerca de su vestido y, en lugar de sentirse gratificado/a, lo convierte en algo negativo.
Recibir un premio.	«Qué suerte que he tenido. De todas formas no tiene importancia, porque este certamen no es demasiado conocido así que tampoco es tan meritorio haber ganado el primer premio.»	Convierte un acontecimiento excepcional como es la concesión de un premio en algo sin valor.

CONCLUSIONES APRESURADAS

Consiste en llegar a conclusiones negativas sin que haya datos objetivos que las justifiquen. Las conclusiones apresuradas pueden darse a través de la «lectura del pensamiento» y del «error del adivino».

Lectura del pensamiento

Es la tendencia a pensar que las otras personas tienen una mala opinión de nosotros, pero sólo son suposiciones sin ninguna base comprobable. Es más, ni siquiera nos tomamos la molestia de averiguar si estamos o no en lo cierto, simplemente damos por hecho que lo que imaginamos es verdadero.

Recuerdo que una de mis pacientes me dijo muy preocupada: «Mi marido ya no me quiere, seguro que tiene una amante.» Cuando le pregunté por qué pensaba algo así, ella me contestó: «Lo sé porque ya no me mira como antes.» Aunque a esta señora la supuesta infidelidad de su marido le hacía sufrir, no había hecho nada por averiguar si sus sospechas eran realmente ciertas. Le aconsejé que hablara francamente con su marido del tema, en lugar de seguir angustiada por una simple sospecha. Cuando le transmitió a su esposo sus temores, éste le confesó que desde hacía varios meses la empresa familiar estaba atravesando una grave crisis, que no le había dicho nada para no preocuparla pero que se alegraba de poder hablar por fin de ello, pues los últimos meses habían sido terriblemente duros para él.

Por otra parte, leer el pensamiento es contraproducente porque a veces nuestro temor a que otras personas nos rechacen puede acabar haciéndose realidad. Veamos lo que ocurriría en el siguiente caso. Supongamos que un día al salir de su apartamento se encuentra en la escalera con un vecino. Hasta ahora sus relaciones han sido de pura cortesía, es decir, siempre que se han encontrado se han saludado amablemente e, incluso, cuando la circunstancia ha sido propicia, se han detenido a charlar amigablemente durante unos minutos. Este día, sin embargo, su vecino pasa delante de usted sin mirarle ni saludarle. En el caso de que usted tuviera tendencia a leer el pensamiento, podría decirse a sí mismo: «No quiere tener trato conmigo porque no le gusta como soy». Si no hace nada por averiguar por qué no le ha saludado su vecino (podía ir abstraído, preocupado, deprimido, etc.) y se limita a creer que usted es una persona que no gusta a los demás, la próxima vez que se lo encuentre, probablemente usted tomará una actitud de evitación o defensiva. A partir de este momento se genera un círculo vicioso: su vecino, que no le saludó porque había salido muy preocupado de casa, y que desconoce lo que usted piensa, ve que su actitud para con él no es cordial, por lo que él acaba a su vez evitándolo o bien rechazándolo. Se produce así una situación absurda: su vecino y usted, sin que exista justificación para ello, acaban rechazándose mutuamente. ¡Su pensamiento distorsionado se ha convertido en un presagio!

El error del adivino

Es la tendencia a adivinar el futuro de forma negativa. Las personas con tendencia a la adivinación creen que les va a ocurrir algo malo aunque no tengan ninguna base que justifique esta creencia. Simplemente se lo imaginan. Parece que sólo tienen *poder de adivinación* para lo negativo. No piensan que sus proyectos por fin se vayan a hacer realidad, sino lo contrario. Su adivinación actúa sobre su deseo, cuanto más desean algo, más imaginan que no va a conseguirlo, y llegan a convencerse de ello hasta tal punto que acaban creyéndose que las cosas van a suceder realmente tal y como las habían imaginado.

Veamos el siguiente caso: una persona ha preparado durante dos años unas oposiciones. Cuando faltan unos días para el examen, le entra un ataque de pánico y decide que no vale la pena presentarse porque va a suspender. Lógicamente, un examen se puede suspender o aprobar, pero esta persona sólo considera la posibilidad negativa: el suspenso. Si finalmente esta persona consigue superar su miedo y rendir el examen, probablemente acabará dándose cuenta de que su presagio de fracaso era infundado.

El error del adivino es un tipo de *pensamiento anticipatorio.* En lugar de vivir el momento, de esperar sin ansiedad a que los acontecimientos se sucedan, nos adelantamos en el tiempo, imaginando la escena, el desarrollo y el desenlace de la trama. A esto también se le conoce con el nombre técnico de autoverbalizaciones («Como ya sé lo que va a pasar, no vale la pena que...»).

El pensamiento anticipatorio modifica gravemente la conducta del individuo. Cuando nos disponemos a hacer determinadas actividades siempre imaginamos unas consecuencias negativas o adversas, y acabamos por adoptar una conducta autofrustrante. Veamos el caso de uno de mis pacientes. Se trata de un hombre soltero de cuarenta y un años, con graves carencias a nivel afectivo. Al hablar conmigo, se lamentaba de que su vida sentimental era un fracaso, se dolía de la soledad en la que vivía y envidiaba la situación de los hombres casados. Cuando le pregunté qué hacía él para buscar pareja, me contestó que nada. Los fines de semana se quedaba solo en casa y su única distracción era ver la televisión. Le pregunté por qué no aprovechaba los días de fiesta para ir a discotecas u otros lugares que utiliza la gente para conocerse. Y me respondió lo que yo esperaba: «No voy a las salas de fiesta porque sé que no ligaré.»

El ejemplo anterior nos sirve para ilustrar hasta qué punto los pensamientos anticipatorios pueden modificar la conducta. Veamos cómo se desarrolla este proceso:

1. No va a las salas de fiesta porque cree que no va a ligar.
2. Como cree que no va a ligar, ni siquiera lo intenta.
3. Como no lo intenta, no liga.

4. Como no liga, se reafirma en su pensamiento de que no va a ligar nunca y de que no vale la pena intentarlo.

Las personas que construyen esta cadena de pensamientos se autoprovocan una gran ansiedad innecesaria que afecta a su vida cotidiana.

Veamos algunos ejemplos de conclusiones apresuradas:

SITUACIÓN ACTIVADORA	PENSAMIENTO: CONCLUSIONES APRESURADAS	INFERENCIAS
Una persona se encuentra con un conocido en la calle y no le saluda.	«Me ha vuelto la cara. No le caigo bien. Nunca le caigo bien a nadie. ¡Quisiera morirme!» (lectura del pensamiento).	En realidad no le ha visto, pero se adelanta a sacar conclusiones negativas.
Anulación en el último momento de un compromiso.	«Se ha dado cuenta de cómo soy realmente y ha preferido no tener tratos con una persona como yo» (lectura del pensamiento).	Si la otra persona anula un compromiso y lo justifica, lo racional es no dudar de su palabra. Sin embargo, la persona del ejemplo saca todo tipo de conclusiones apresuradas.
Un viaje en avión.	«Nos vamos a estrellar» (error del adivino).	Las probabilidades de que un avión se estrelle son remotas.
Un joven se queda todos los fines de semana en casa, sin salir de fiesta.	«¿Para qué voy a salir? No vale la pena. Nunca ligo» (error del adivino).	En lugar de ir a una discoteca como el resto de los jóvenes, se anticipa imaginando que no va a conocer a nadie interesante y se va a aburrir. En consecuencia, adopta una actitud pasiva. Esta actitud es paradójica, porque mientras insista en no querer salir no va a poder conocer a ninguna chica, tal y como desea.

MAGNIFICACIÓN Y MINIMIZACIÓN

Consiste en la tendencia a aumentar los fracasos y a disminuir los éxitos de una manera desproporcionada. Las personas con esta clase de pensamiento parecen tener dos varas de medir. Cuando miden sus defectos, errores, carencias o fracasos toman una vara que los exagera, haciendo que cualquier fallo parezca imperdonable. Cuando miden sus logros, éxitos, cualidades o triunfos toman otra vara que los disminuye, haciendo que cualquier logro parezca insignificante.

Este tipo de pensamiento perturbador se caracteriza por responder a un pensamiento catastrofista y a una infravaloración personal muy acusada, ya que se tiende a ser crítico con los errores propios e indulgente con los fallos ajenos, y asimismo crítico con los méritos propios y generoso con los logros ajenos. Paradójicamente, la persona mide las cualidades y los errores ajenos con flexibilidad e indulgencia, mientras que los suyos los juzga con inflexibilidad y rigidez extremas.

La sensación de que se es un ser de *segunda clase,* inferior a los demás, sin cualidades positivas y, en cambio, sobrado de características negativas, es la consecuencia a la que se llega cuando nos dejamos gobernar por este tipo de pensamientos irracionales.

Veamos algunos ejemplos:

SITUACIÓN ACTIVADORA	PENSAMIENTO: MAGNIFICACIÓN/ MINIMIZACIÓN	INFERENCIAS
Un error en el trabajo.	«No tengo perdón. ¿Cómo he podido hacer semejante tontería? ¿Qué van a pensar de mí? No volverán a confiar en mí. Estoy acabado.»	Ha cometido un error y piensa que toda su reputación se va a ver dañada por este único fallo. (Magnificación).

SITUACIÓN ACTIVADORA	PENSAMIENTO: MAGNIFICACIÓN/ MINIMIZACIÓN	INFERENCIAS
Un expediente académico notable.	«En realidad no tiene importancia. Es una carrera muy fácil y todo el mundo aprueba.»	Ha conseguido sacar sus estudios adelante con éxito, y, en lugar de sentirse satisfecho por ello, minimiza sus logros, arguyendo que la carrera es fácil. (Minimización).

RAZONAMIENTO EMOCIONAL

Consiste en interpretar los estados de ánimo como si se tratasen de verdades objetivas. Las personas que tienen tendencia al razonamiento emocional mantienen un diálogo interior de este tipo: «Me siento avergonzado, por consiguiente he debido hacer algo vergonzoso», «Me siento frustrado, por consiguiente mi vida es un fracaso», «Me siento solo, he debido de hacer algo malo para estar solo.» Si atendemos a estos ejemplos, vemos que utilizan términos abstractos como vergüenza, frustración o soledad, pero en ningún caso los justifican con hechos concretos y reales.

Uno de los riesgos del razonamiento emocional es la tendencia a la resignación. Damos por hecho que las cosas son de una determinada manera y que no vale la pena cambiarlas. Por ejemplo, una persona se siente deprimida y la invitan a una fiesta. Rehusa ir porque cree que como no está animada no se lo va a pasar bien. Esta persona deja que sus emociones guíen su conducta. Si, por el contrario, hubiera ejercido un razonamiento no emocional seguramente hubiera aceptado ir a la fiesta. «Voy a ir a esa fiesta porque es una buena oportunidad para olvidarme de mis problemas y pasármelo bien.

Además, quedándome en casa no voy a conseguir que mis problemas desaparezcan.»

Veamos algunos ejemplos:

PENSAMIENTO: RAZONAMIENTO EMOCIONAL	ARGUMENTACIÓN RACIONAL
«Me siento como una basura, por tanto debo ser una basura.»	La persona se define a partir de sus sentimientos y no de unos hechos concretos. Cree que es lo que siente.
«Me siento abandonado, por tanto he debido hacer algo para que la gente se desentienda de mí.»	Ídem.
«Me siento poco inteligente, por tanto debo ser tonto.»	Ídem.

ENUNCIACIONES «DEBERÍA»

La utilización de enunciaciones como «debería hacer esto» o «debería hacer lo otro» tienen un efecto paradójico sobre la conducta. Las personas con tendencia a esta distorsión intentan animarse con este tipo de expresiones pero lo único que consiguen es autofrustrarse. Entre lo que creen que deberían hacer o no hacer y lo que realmente acaban haciendo hay un abismo. Esto provoca sentimientos de frustración, de culpabilidad y de apatía.

El problema base de las enunciaciones «debería» radica en las expectativas. Partimos de un patrón ideal de conducta que *debe* ser cumplido tanto por nosotros mismos como por el resto de la gente. Cuando no logramos cumplir ese patrón ideal nos sentimos mal con nosotros mismos. Y cuando los otros no responden a nuestro patrón ideal, nos sentimos desilusionados ante la mediocridad del género humano.

Las personas con esta distorsión conciben el mundo como una perpetua suma de deberes, y esto les acarrea sucesivos desengaños y continuas frustraciones en su vida cotidiana, porque casi nunca las cosas son como ellas creen que *deberían* ser.

Los individuos que se guían por este tipo de distorsión cognitiva deben hacer un esfuerzo por adecuar sus expectativas personales y sociales a la realidad; de lo contrario, pueden acabar repudiándose tanto a sí mismos como a los demás.

Veamos algunos ejemplos:

SITUACIÓN ACTIVADORA	PENSAMIENTO: DEBERÍA	INFERENCIAS
Un adolescente se enfada con un amigo y le grita.	«Debería ser más amable.»	En lugar de decir: «Me gustaría aprender a enfadarme con menos facilidad», elige el camino del deber y acaba sintiéndose culpable.
Una discusión conyugal.	«Debería cuidar más de mi familia.»	En lugar de decir: «Me gustaría dedicar más tiempo a mi familia» escoge la vía del deber y acaba sintiéndose culpable.
Una persona hace un comentario público poco afortunado y la recriminan por ello.	«Debería ser una persona más tolerante.»	En lugar de decir: «Me gustaría aprender poco a poco a ser más flexible en mis criterios y a no tomarme las cosas tan en serio» elige la vía del deber y acaba sintiéndose frustrado.

ETIQUETACIÓN

Consiste en la construcción del propio autoconcepto a partir de los defectos y errores.

La etiquetación errónea se caracteriza por ser inexacta. No podemos definirnos a partir de un solo concepto. Las etiquetas son descripciones inexactas de hechos concretos que pretender definir completamente a un ser humano. Supongamos que usted no aprueba un examen y exclama: «Soy un fracasado.» Cuando se define de esta manera está siendo inexacto. Podría haber dicho «He suspendido el examen», pero no «Soy un fracasado», porque está utilizando una definición global para definir un hecho parcial. Además, es muy probable que a lo largo de su vida haya aprobado muchos exámenes.

Otro problema implícito en las etiquetaciones es la carga emotiva que contienen. Por ejemplo, un conductor provoca un pequeño accidente automovilístico y exclama: «Soy un desastre»; una joven bebe dos copas de más en una fiesta y al día siguiente exclama: «¡Qué asquerosa soy!» Esta carga emocional, por lo demás siempre negativa, mina la moral de la persona y rebaja innecesariamente su autoconcepto.

La tendencia a poner etiquetas también podemos hacerla extensible a los demás. Cuando alguien no nos gusta decimos: «Es un payaso», «Es una bruja», «Es malo», etc.

Las personas que tienen la costumbre de etiquetar constantemente resultan molestas para los demás. Las etiquetas siempre son incómodas, tanto si son negativas como positivas. Las personas que abusan de la etiquetación dan la impresión de que «siempre están juzgando a los demás».

Veamos algunos ejemplos:

SITUACIÓN ACTIVADORA	PENSAMIENTO: ETIQUETACIÓN	INFERENCIAS
Una caída en público.	«Soy un patoso.»	Formula una definición global de sí mismo a partir de un hecho aislado y fortuito. La persona se define en función de sus errores.

SITUACIÓN ACTIVADORA	PENSAMIENTO: ETIQUETACIÓN	INFERENCIAS
Comer en exceso.	«Soy un cerdo.»	Formula una definición denigrante de sí mismo, generando un fuerte sentimiento de culpa y de menosprecio de su autoestima. La persona se define en función de sus defectos.
La denegación de una beca.	«Soy un imbécil.»	A partir de un pequeño fracaso, formula una definición negativa y global acerca de sí mismo. La persona se define en función de sus fracasos.

PERSONALIZACIÓN

Las personas con esta distorsión se hacen responsables no sólo de sus propios actos sino también de las acciones de los demás. Creen que todo cuanto sucede alrededor de ellas es culpa suya, aunque no hayan tomado parte en ello. Por ejemplo, el caso de la madre que se culpa por el fracaso escolar de su hijo: «No soy una buena madre, si me hubiera ocupado más de él, ahora no suspendería»; o el caso del comercial que se culpabiliza por la anulación de un pedido: «No soy un vendedor lo suficientemente persuasivo, por mi culpa han anulado el encargo.»

El sentido de la responsabilidad de las personas con tendencia a personalizar está magnificado, por lo que deben retrotraerlo a una dimensión más humana si no quieren convivir permanentemente con un desolador sentimiento de culpa. Para conseguirlo, deben diferenciar entre influencia y control. Una cosa es la influencia que como individuos podemos ejercer sobre los demás, y otra muy distinta, el control que ejercemos sobre la voluntad de los demás. En última instancia, cada persona es responsable de sus propios actos. Es, por tanto, irracional cargar con los errores de los demás. Por ejemplo, yo conocí a una pareja de novios que tuvieron un accidente de moto cuando se dirigían a una fiesta. Ella quedó paralítica. Se dio la circunstancia de que la chica no deseaba salir ese día, pero accedió porque su pareja insistió mucho en ello. Esto hizo que el novio se sintiera culpable del accidente: «Ella está en una silla de ruedas por mi culpa.» En realidad, el problema de este joven era que se responsabilizaba de un hecho sobre el que no podía tener ningún tipo de control, como es un accidente.

Veamos algunos ejemplos más:

SITUACIÓN ACTIVADORA	PENSAMIENTO: PERSONALIZACIÓN	INFERENCIAS
Uno de los cónyuges sufre una depresión.	«Soy un mal esposo/a. Debí haberme dado cuenta de que estaba enfermando.»	Se responsabiliza de la enfermedad de su cónyuge, como si hubiera podido evitarla.
Expulsión escolar por mal comportamiento.	«Soy una mala madre. Si me hubiera ocupado más de él cuando era pequeño ahora no le ocurrirían estas cosas.»	En lugar de aceptar que su hijo es responsable de su mal comportamiento, la madre lo exculpa, como si el comportamiento de su hijo dependiera en última instancia de ella.
Quiebra empresarial.	«No soy una persona apta para los negocios. Por mi culpa hemos quebrado.»	La persona exculpa al resto de los socios de la quiebra de la empresa, y carga con toda la responsabilidad, como si sólo sus decisiones hubieran sido las erróneas y las únicas causantes de la mala situación del negocio.

TABLA-RESUMEN DE LOS PENSAMIENTOS DISTORSIONADOS

En la tabla siguiente encontrará un resumen de los diez pensamientos perturbadores. Este cuadro será de gran utilidad a lo largo del resto del libro, ya que siempre que se le pida que identifique sus pensamientos distorsionados, usted tendrá la posibilidad de volver a él tantas veces como le sea necesario. De hecho, el objetivo último de esta tabla-resumen es facilitarle el trabajo de consulta, haciéndoselo lo más cómodo y rápido posible.

TABLA DE PENSAMIENTOS DISTORSIONADOS
TODO/NADA. La persona valora sus cualidades personales a partir de categorías absolutas: o es blanco o es negro. El pensamiento todo/nada es perfeccionista. Todo cuanto hace debe ser perfecto, de lo contrario piensa que ha fracasado. «Todo me sale mal.»
GENERALIZACIÓN EXCESIVA. La persona toma un acontecimiento negativo que le ha ocurrido puntualmente y lo generaliza, como si éste se tuviera que repetir siempre. «Nunca conseguiré que se fijen en mí.»
FILTRO MENTAL. La persona, ante una situación cualquiera, focaliza toda su atención en un aspecto negativo y se olvida de los positivos. En consecuencia, acaba viendo la situación como si fuera absolutamente negativa. «Seguramente voy a suspender porque la redacción no me ha quedado del todo bien.»
DESCALIFICACIÓN DE LO POSITIVO. La persona transforma las experiencias positivas o neutras en negativas. Atribuye a la casualidad todos los acontecimientos positivos que le suceden, y al castigo merecido los acontecimientos negativos. «¡En realidad el informe no está tan bien como dicen. Cualquiera lo hubiera hecho mejor que yo!»

CONCLUSIONES APRESURADAS. La persona tiende a llegar a conclusiones negativas sin que haya datos objetivos que las justifiquen. «Seguro que le caigo fatal porque me dijo que me llamaría y no lo ha hecho» (lectura del pensamiento). «No vale la pena que vaya a la fiesta porque ya sé que no me lo voy a pasar bien.» (error del adivino).
MAGNIFICACIÓN/MINIMIZACIÓN. La persona tiene tendencia a aumentar sus fracasos y a disminuir sus éxitos de una manera desproporcionada. Cuando mide sus defectos, errores, carencias o fracasos los exagera, haciendo que cualquier fallo parezca imperdonable. Cuando mide sus logros, éxitos, cualidades o triunfos los disminuye, haciendo que cualquier logro parezca insignificante. «¡Cuando se enteren de lo que he hecho me despreciarán!» (magnificación). «Dicen que tengo una voz bonita pero eso no lo es todo en una persona.» (minimización).
RAZONAMIENTO EMOCIONAL. La persona tiende a interpretar sus estados de ánimo como si se tratase de verdades objetivas. Para definirse utiliza términos abstractos como vergüenza, frustración o soledad, pero en ningún caso los justifica con hechos concretos y reales. «Siento que soy un ser despreciable, luego soy un ser despreciable.»
ENUNCIACIONES «DEBERÍA». Usted pretende animarse a hacer cosas utilizando expresiones de obligación como «debería», pero lo único que consigue es anidar un fuerte sentimiento de culpa y frustración. «**Debería** caerle bien a todo el mundo.»
ETIQUETACIÓN. La persona construye su autoconcepto a partir de sus defectos y errores. «He suspendido el examen, lo cual demuestra lo idiota que soy.»
PERSONALIZACIÓN. La persona se hace responsable no sólo de lo que hace sino también de lo que hacen los demás. Cree que todo cuanto sucede es por su culpa, aunque no haya intervenido en ello. «Tiene problemas por mi culpa.»

III

LA AUTOESTIMA O EL AMOR A SÍ MISMO

La autoestima es el valor o afecto que depositamos sobre nosotros mismos. A partir de mi autoestima determino mi valor como ser humano. A mayor autoestima, más creo en mi valor como individuo. A menor autoestima, menos creo en mi valor como individuo y más *derrotado, fuera de la normalidad, abandonado e inútil* me siento.

La autoestima es la clave de la felicidad porque es el filtro que media entre nosotros y la realidad. Es el caso del vaso medio lleno o medio vacío. Una autoestima baja desvirtúa todo cuanto se presenta ante nosotros: aumenta los errores y empequeñece los logros. Aún más, una autoestima deprimida se ensaña en los puntos débiles, en la zona más vulnerable de cada cual. Cuanto más valor le demos a algo, tanto más empañado quedará bajo los efectos de una pobre autoestima.

Si usted aprecia la inteligencia como uno de los atributos más valiosos del ser humano, su baja autoestima pondrá constantemente en tela de juicio sus logros y hasta su capacidad intelectual. Usted podrá conseguir avances objetivos y notables en este ámbito pero no los valorará en su verdadera dimensión, porque su maltrecha autoestima le impedirá disfrutar sanamente de ellos.

El estudiante se dice: «En realidad el examen no era tan difícil», «He sacado un notable, es cierto, pero otros compañeros han obtenido un sobresaliente», «He aprobado por casualidad». Puesto que no cree en sí mismo, tampoco cree que sus éxitos sean merecidos. Cuando triunfa es por azar, por la manga ancha del profesor, por el bajo nivel global de la clase, etc. Además, los logros quedan empequeñecidos porque siempre encuentra a otra u otras personas con las que compararse, otras personas que, casualmente, lo hicieron mejor que él. Este dramático empeño de tirar piedras sobre su propio tejado es un intento desesperado de ratificar lo que cree saber sobre sí mismo, *que es un ser sin valor alguno*; busca elementos que validen su mala autoimagen y desaloja aquellos que, por ser positivos, se contraponen a ella.

Y así ocurre con el resto de las cosas que apreciamos los seres humanos: la belleza, el éxito, la suerte en el amor, la salud o la fama. Si usted aprecia la belleza, no podrá mirarse en el espejo sin ver sus imperfecciones. No importa que su rostro sea armonioso y su cuerpo proporcionado, no importa que su cabello sea sedoso y sus manos gráciles; usted se fijará en los siete centímetros que le faltan para ser una persona alta o en el medio kilo que le sobra. Si alguien le regala una mirada mientras pasea, puede que durante unos breves segundos disfrute de ella, pero rápidamente buscará alguna imperfección que haya podido provocar esa mirada, o se comparará con otra persona que usted cree que la supera en belleza.

Algo parecido suelen hacer las personas que se lamentan de no tener *suerte en el amor.* Casi siempre, tras la ausencia de fortuna en el terreno amoroso se esconde una baja autoestima. Tal y como apunté en otro de mis libros,[3] el amor propio delimita nuestro grado de receptividad ante los afectos. Lo relevante no es tanto *qué somos, qué tenemos o qué parecemos,* como cuán dignos nos consideremos de ser amados. Si una persona no valora sus cualidades, su actitud, ante un posible acercamiento sentimental, estará marcada por la creencia negativa de sí misma y, consecuentemente, desarrollará una conducta de rechazo o huida. El peso de su deseo de ser amada es, en una hipotética balanza, inferior a su convicción de que no es digna de ser amada. Respecto a esta idea, Deutsch y Solomon[4] escriben: «Las personas con gran amor propio (que se consideran dignas de ser amadas) son dadas (tal vez muy dadas) a pensar que otras las estiman, y aceptan rápidamente el afecto de ellas. Las personas con poco amor propio no pueden; cuando otras las ensalzan, se sienten incómodas, siempre sospechan y dudan de los motivos de sus amigos, de su exactitud, de su sinceridad.»

Recuerdo uno de los primeros casos que traté recién salido de la facultad de Psicología. Era una mujer de treinta y cinco años, atractiva, educada y de talante

3. Ramón Gaja. *El síndrome del amor. De la pasión a la estabilidad satisfactoria.* Col. Planeta Singular. Planeta. Barcelona, 1995, pp. 35-36.

4. Cit. en *Atracción interpersonal.* Ellen Berscheid y Elanie Hatfield. Traducción de Myriam Rodríguez de Valencia y Miguel Salas. Fondo Educativo Interamericano S. A., Colombia, 1982, p. 42.

amable, que se lamentaba de su mala suerte en el amor. «Siento que he fallado en lo más importante. Yo siempre me había imaginado a mí misma formando un hogar y educando a unos hijos. Esto era realmente importante para mí, pero... ¡he fracasado! Cuando miro atrás sólo veo relaciones decepcionantes que no me han dejado huella. Y si miro hacia el futuro el panorama es todavía peor. A veces me digo a mí misma, para consolarme, que las personas tenemos suerte en unas cosas y en otras no. ¡Yo soy de las que no tienen suerte en el amor!» Para esta paciente, como el lector habrá notado, disfrutar de una relación amorosa satisfactoria era una cuestión ajena a ella misma, ya que dependía de la suerte. Ella, sencillamente, no la tenía. Sin embargo, cuando indagué en las relaciones amorosas que había mantenido hasta ese momento descubrí que mi paciente sólo había accedido a mantener relaciones sentimentales con hombres que no le gustaban realmente y de los que jamás podría enamorarse, porque carecían de las cualidades que ella valoraba. En cambio, cuando un hombre por el que sintiera una gran atracción se acercaba a ella, automáticamente lo rechazaba. Esta reacción puede parecer incomprensible para una persona emocionalmente equilibrada, pero es bastante común. Ella no se creía digna de recibir amor, por eso durante años había rechazado a todos aquellos hombres por los que intuía que podía llegar a sentir amor. En cambio, cuando se unía a un hombre por el que no sentía nada especial, era capaz de llevar la relación adelante (aunque no de modo totalmente satisfactorio) porque no la interpretaba como un verdadero intercambio amoroso. Mi paciente no se consideraba digna de recibir el amor de determinadas personas (precisamente aquéllas por las que podía llegar a sentirlo), y sólo podía aceptar el cariño de aquellas otras a las que ella consideraba poco atractivas física, intelectual o moralmente. Quizá parezca una actitud demencial, pero no lo es en absoluto. Su conducta autodestructiva responde a una palpable falta de amor propio. Ella, en su relación con el sexo opuesto, buscaba ratificar lo que pensaba de ella misma, y, puesto que ella se autoetiquetaba como una persona poco deseable, sólo podía relacionarse con personas que a su vez fueran, bajo su criterio, poco deseables.

Sin autoestima todo se tambalea bajo nuestros pies. De nada serviría que el resto del mundo nos repitiera una y otra vez cuánto nos quiere, qué atractivos somos, qué estimulante les parece nuestra inteligencia. Sin autoestima los refuerzos externos pierden su fuerza porque no encuentran la caja de resonancia adecuada en nuestro interior.

Las personas con una baja autoestima interpretan con suspicacia los cumplidos, halagos y reconocimientos que alguien les pueda hacer, porque no creen ser dignas de merecerlos. Así pues, niegan cualquier tipo de refuerzo positivo ya que no se corresponde con su autoconcepto de baja autoestima, y aceptan la crítica, el correctivo y la amonestación como resultados lógicos de su poca valía personal. Además, rechazan cualquier circunstancia positiva, como puede ser un piropo, por miedo a despertar su propia vanidad y descubrir un resquicio de amor hacia sí mismas. La idea de que pueda despertarse su vanidad las sume en una mezcla de vergüenza, culpa y temor.

Las personas con una baja autoestima creen que si dejan que su vanidad reciba un dulce baño después serán castigadas, y que la dureza de la *pena* será superior a los beneficios que obtendrían si dejaran actuar a su vanidad. Ante esto, ponen en marcha mecanismos de autodefensa como la incredulidad, la suspicacia, la desviación, la justificación o la desvirtualización. Veamos algunos ejemplos:

SUSPICACIA	Me gustaría mucho que me acompañaras al concierto.	«Su voz no es sincera, en realidad no le apetece que le acompañe.»
DESVIACIÓN	Te felicito por tu informe.	«En realidad no tiene importancia, al fin y al cabo hubo una parte que no me quedó del todo bien.»
JUSTIFICACIÓN	Te queda muy bien este nuevo peinado.	«Lo dice por educación.»
INCREDULIDAD	Le caíste muy bien a mis amigos.	«Lo dice por decir. Yo sé que les caí fatal.»
DESVIRTUALIZACIÓN	Te tengo por una persona muy agradable.	«Lo dice porque no sabe cómo soy en realidad.»

Asimismo, hay personas con baja autoestima que actúan justo del modo contrario. No sólo no rechazan los halagos sino que dependen totalmente de ellos para reafirmarse. Literalmente, los necesitan para encontrar un sentido a sus vidas. Se trata de personas que no cuentan con una autoestima autónoma sino que la forjan a partir del juicio de los demás.

Ciertamente, todos los seres humanos retroalimentamos nuestra autoimagen a partir de nuestra interacción con los demás. Sin embargo, existe una diferencia sustancial entre las personas que no se respetan a sí mismas y las que sí lo hacen: mientras que las primeras subordinan su autoconcepto a la opinión que tienen los demás de ellas, las segundas no.

La autoestima se caracteriza por ser autónoma; si depende de los demás irremediablemente hemos de interpretarla como baja, insuficiente o deprimida.

Otra característica de las personas con una autoestima deprimida es que acaban convenciendo a los demás de que el concepto negativo que tienen de sí mismas se corresponde a la realidad. No es de extrañar que si insistimos tanto en que somos aburridos, mediocres, grises o poco deseables, al final, los demás acaben creyéndoselo.

AMARSE A SÍ MISMO NO ES EGOÍSMO

Tradicionalmente hemos asociado el amor a sí mismo con el egoísmo. Hay muchas referencias culturales relacionadas con esta falsa idea que se han mantenido hasta nuestros días, por ejemplo el antiguo mito de Narciso.

Como el lector sabrá, Narciso era un joven de extraordinaria belleza que enamoraba a todo el mundo. Sin embargo, él no encontraba a nadie lo suficientemente bello para enamorarle. Narciso dio el primer paso para entrar en la historia de la mitología griega el día en que vio reflejado su rostro en las aguas de un lago. La imagen que le devolvía el agua era tan hermosa que por primera vez Narciso se enamoró. Él no sabía que la imagen que le despertaba tanta admiración y deseo era su propio reflejo, e inclinándose sobre el lago, en un intento vano de acariciar al hombre de agua, cayó en la corriente.

Narciso, que fue incapaz de amar a otra persona, murió ahogado, enamorado de sí mismo.

Pero quizá sea la tradición judeocristiana la que ha transmitido con más firmeza la idea de que amarse a sí mismo es una demostración de egoísmo. Según este principio, parece que sentir amor hacia uno mismo es incompatible con sentirlo hacia los demás.

Erich Fromm en su archiconocido ensayo *El arte de amar,*[5] cuya lectura recomendamos, examina el aspecto psicológico del egoísmo y del amor a sí mismo. Fromm refuta la idea de incompatibilidades judeocristiana, destacando «la falacia lógica que implica la noción de que el amor a los demás y el amor a uno mismo se excluyen mutuamente». En su línea de revocar algunas de las ideas tradicionales sobre este tema, Fromm toma la frase bíblica «Ama a tu prójimo como a ti mismo» y la argumenta de la siguiente manera: «el amor a sí mismo está inseparablemente ligado al amor a otro ser». Con estas palabras el psicoanalista norteamericano ha significado que sólo se puede llegar a amar a los demás si se parte del amor a uno mismo.

Otras ideas interesantes que destacamos de la obra de Fromm son que las personas verdaderamente egoístas son aquellas que son incapaces de amarse a sí mismas y que «el egoísmo y el amor a sí mismo lejos de ser idénticos son realmente opuestos».

AMARSE SIN CONDICIONES

En nuestra primera definición de autoestima apuntábamos que era el filtro que media entre nosotros y la realidad. Ahora añadimos que, además, la autoestima es la capacidad de sentirse a uno mismo intrínsecamente, por encima de características, circunstancias y logros.

Las expresiones autocríticas que denigran nuestra autoestima son el producto de una valoración subjetiva,

5. Erich Fromm. *El arte de amar. Una investigación sobre la naturaleza del amor* (The art of loving). Traducción de Noemi Rosenblatt. (15ª edición). Colección Paidós, número 7. Paidós Ibérica, S. A, Barcelona, 1994.

y condicionada socialmente, del estándar de perfección. Cuando una mujer preocupada por un exceso de peso se dice a sí misma unas palabras tan duras como, por ejemplo, «Soy una gorda asquerosa», está queriendo decir que sus medidas no entran en el canon establecido. Cuando un escolar exclama «Soy un tonto» quiere expresar que sus calificaciones no responden al canon. Cuando una adolescente se dice «Soy el patito feo», quiere expresar que de entre todas sus amigas, ella es la que menos responde al canon preestablecido. Cuando un hombre dice, «Soy un perdedor», quiere expresar que no responde al canon de hombre triunfador.

Sería motivo de un nuevo libro el análisis de todos los significados implícitos en estas expresiones. Aquí nos interesa destacar la adhesión incondicional al concepto sociocultural de perfección que reflejan estas frases y, aún peor, la terrible confusión que albergan sobre la esencia misma de la naturaleza humana. Recuerdo a propósito de esto una gran frase cristiana que dice: «Si esperas a ser perfecto, no me amarás nunca.» Sin duda, el camino más recto para llegar al desamor es pretender acercarse a la perfección. La perfección es un concepto subjetivo y exterior, la autoestima, por el contrario, es un valor interno e indeleble del ser humano.

La autoestima es independiente y autónoma. Este punto es especialmente importante porque a menudo tendemos a equiparar la autoestima con los logros personales. «Tanto tienes, tanto vales.» Pensamos que a mayor éxito, talento, belleza y capacidad económica les corresponde una mayor autoestima. Como dice David Burns:[6] «La autovaloración basada en los logros es una pseudoestima.»

6. Cit. en *Sentirse bien. Una nueva fórmula contra las depresiones*, p. 68.

También creemos que disfrutar del amor de los demás se correlaciona con una alta estima a sí mismo. Sin embargo, todos conocemos la biografía de personas que fueron amadas por su belleza o talento y que, sin embargo, fueron terriblemente desdichadas. No podemos asegurar las causas de su sufrimiento, pero podemos afirmar sin temor a equivocarnos que todos los privilegios y dones del mundo no pueden comprar una autoestima.

A continuación y como resumen de lo expuesto, incluimos un cuadro con las principales características que definen a la persona con alta autoestima:

LA PERSONA CON ALTA AUTOESTIMA:

- Se respeta y ama a sí misma.
- Acepta sus cualidades y defectos en virtud de su unicidad como ser humano.
- No cae en comparaciones vejatorias.
- Es tolerante consigo misma y con los demás.

CÓMO RECUPERAR EL AMOR A SÍ MISMO

Apuesto a que una buena parte de la población mundial, de poder elegir la concesión de un único deseo, escogería recuperar su autoestima. Yo mismo, si sufriera los devastadores efectos de una pobre autoestima en mi propia piel, clamaría al cielo que me concediera fuerzas para reencontrarme con el amor a mí mismo. Una frase atribuida a un hombre muy rico decía: «No tengo suficiente dinero para comprarme una conciencia.» Parafraseándola, yo diría que «No hay suficiente dinero en el mundo para comprar la autoestima». La autoestima es la piedra filosofal del saber vivir, la felicidad y el bienestar; y ¡nace con nosotros! Sí, la capacidad de amarnos a nosotros mismos es una cualidad innata. Desgraciadamente para algunas personas, las circunstancias de la vida y, sobre todo, las relaciones interpersonales que mantienen con otras personas causan estragos sobre su autoconcepto, acabando en una desvalorización total de sí mismas. Veamos el caso siguiente:

Charo es una mujer de cuarenta y ocho años que traté no hace mucho tiempo. Su autoestima estaba en números rojos y, como ocurre en estos casos, ni ella era feliz ni era capaz de mantener una relación satisfactoria con la gente que la rodeaba. Un día Charo me explicó una experiencia que había tenido de niña y que le había marcado de por vida. De pequeña ella vivía en el campo, en una casa que quedaba muy lejos del pueblo, por lo que se incorporó a la escuela con bastante retraso. El primer día que su familia la envió al colegio ella se sentía muy feliz. No sabía demasiado bien qué era eso de la «educación», pero de alguna manera la reverenciaba. Después de caminar casi dos horas llegó a la escuela y la destinaron al curso que le correspondía por edad y no por nivel académico. Ese primer día, la maestra, sin tener en cuenta las especiales circunstancias de Charo, la hizo salir a la pizarra. Por supuesto, ella no pudo responder correctamente a lo que se le preguntaba y la profesora exclamó: «¡Eres una burra!» ¡Esa frase ha reverberado en la cabeza de Charo durante más de cuarenta años. No vamos a analizar por qué le afectó tanto a Charo el exabrupto de la maestra o si en otra niña hubiera tenido la misma incidencia; lo que nos interesa es que para Charo aquella frase resultó ser demoledora. Quizá por su edad, ella fue incapaz de racionalizar aquella grosería y llegar a la conclusión más razonable: que, en todo caso, la única *burra* que había en la clase era la maestra. Ella se limitó a creerse lo que le habían dicho y, a partir de entonces, empezó a decírselo a sí misma. Cada vez que le ocurría algo negativo se lo explicaba diciéndose: «Claro, como soy una burra.» Este pensamiento la sumía en un estado de frustración profunda que no hacía sino consolidar su autoconcepto negativo. Con el tiempo fue añadiendo a su catálogo de descalificaciones de sí misma otras muchas hasta que acabó creyéndose que era un ser sin valor alguno. Sólo un valor se reconocía a sí misma ¿Adivinan cuál? Exacto. Que era una buena trabajadora, o como ella misma decía: una *burra* de carga. Aunque esto no la consolaba, porque el valor que ella apreciaba por encima de cualquier otro era la inteligencia. Ser trabajadora era bueno, pero, según su criterio no dejaba de ser un valor menor.

Si bien es cierto que, especialmente en las edades más tempranas, las experiencias personales conjuntamente con otros factores inciden en nuestra autoestima, no es menos cierto que podemos cambiar, recuperar aquello que nos fue sustraído por una u otra causa. Diría más: es un deber de todos los seres humanos reconciliarnos con nosotros mismos. Cuando hemos llegado a un punto en el que somos conscientes de que la autoestima es la base en la que sustentamos nuestros pies, no es posible dar un paso atrás, ni quedarse parado. Cuando se llega a una conclusión vital como ésta, sólo es posible avanzar, trabajar con firmeza por nuestra felicidad, que en última instancia, será felicidad para los que nos rodean.

La felicidad, el placer de estar vivo, el gozo de la unicidad y de tener un espacio en el mundo llega a partir del reconocimiento de los valores personales, del amor a sí mismo, de la autoaceptación, del autorrespeto, del ser consciente de que seamos como seamos, más bajos o más altos, más listos o más tontos, cada uno de nosotros es único. Y que ser más o menos es una cuestión de perspectiva, que se es más o menos siempre en relación a otra cosa; y que si nuestro patrón de medición empieza y acaba en nosotros mismos, entonces no somos ni más ni menos, simplemente *somos.*

Pero para recuperar la autoestima no basta con desearlo intensamente. Requiere un duro trabajo de reconstrucción, porque detrás de la ausencia de amor a uno mismo hay muchos años de repetirnos que carecemos de atributos valorables, de mirarnos fugazmente en el espejo, de desconfiar de las personas que han visto algo amable y deseable en nosotros, de mirar hacia afuera para compararnos vejatoriamente con los demás, de vernos, sentirnos y actuar como si tuviéramos el tamaño de una hormiga, de vulnerabilidades excitadas, y de mal vivir.

AUMENTAR LA AUTOESTIMA

¡Se acabó la autocrítica!

Se acabaron las expresiones como «Soy un inútil», «Soy un fracasado», «Soy feo», «Tengo todos los defectos del mundo, ¡qué asco!», u otras declaraciones autodegradantes que se diga a usted mismo. Cada vez que pronuncia una frase de este tipo le está asestando un duro golpe a su autoestima.

- El primer paso para eliminar las autocríticas ofensivas es aprender a detectarlas en el momento que se producen. Se dará cuenta de que, en muchas ocasiones, los pensamientos que vejan su autoestima son automáticos; antes de que le dé tiempo de intervenir a favor o en contra ya han pasado por su mente como estrellas fugaces, debido a que forman parte de sus hábitos mentales.

Se preguntará qué tiene que hacer para detectar estos pensamientos. Una manera muy sencilla es llegar al pensamiento a través de la emoción. Un pensamiento negativo tiene como consecuencia una emoción negativa, como son el enfado, la ira, la ansiedad, la vergüenza, el sentimiento de culpa, etc. Cuando experimente alguno de estos estados de ánimo, hágase estas dos preguntas: ¿cuándo y dónde empecé a sentirme así? y ¿qué estaba pensando en ese momento? Si contesta a esta última localizará el pensamiento autocrítico que le ha provocado su estado de ánimo. Cuanto más trabaje en la detección de este tipo de pensamiento, más fina se hará su habilidad para reconocerlos.

El segundo paso es catalogar los pensamientos autodenigrantes que le hayan provocado una respuesta emocional de infravaloración. La Tabla de Pensamientos Distorsionados que aparece al final del capítulo II le servirá de apoyo. Este segundo paso es importante porque al asociar cada autocrítica con su correspondiente pensamiento distorsionado (pensamientos todo/nada, generalización excesiva, magnificación o minimización, etc.) vemos con claridad que nuestras autocríticas son irracionales, producto no de una realidad objetiva sino de una interpretación subjetiva y distorsionada.

- El tercer paso consiste en racionalizar los pensamientos de autocrítica. Se trata de reemplazar la autocrítica con otro pensamiento alternativo, objetivo y racional. Es importante que el argumento que utilicemos para demostrarnos que no somos unos seres despreciables sea convincente para nosotros. Si refutamos un pensamiento automático de autocrítica con otro estándar u ortodoxo, pero carente de verdadera significación para nosotros, no nos lo creeremos y no habremos conseguido nuestro objetivo: reemplazar el pensamiento irracional por otro racional.

Para llevar a cabo estos tres pasos, propongo un método muy sencillo: la técnica de la triple columna, de David Burns. Divida una cuartilla en tres columnas:

- En la primera columna escriba lo que se dice a sí mismo cuando se critica (autoverbalizaciones). Imagine que su pareja se ha enfadado porque usted se ha olvidado de hacerle un recado muy importante que le había encargado por la mañana. ¿Qué pensamientos le vienen a la cabeza? Quizá se dice: «Soy un desastre, todo lo hago mal, cualquier día de éstos se hartará y me abandonará.» Es importante que aprenda a localizar los pensamientos negativos acerca de sí mismo que le vienen a la cabeza porque son los causantes de que su estado de ánimo se deprima, y de que se sienta una persona de segunda clase. También es recomendable que escriba estos pensamientos rápidamente para evitar olvidos; además, como dijo Melenie Fennell, «sólo existe lo que queda escrito». Cada vez que usted escribe un pensamiento autodegradante, queda constancia de él. Metáforicamente, lo encierra en un papel, y de este modo facilita los siguientes dos pasos: la detección de la cognición distorsionada implícita en la autocrítica y la racionalización de la misma.

En esta columna no debe incluir los pensamientos que denoten emoción o estado de ánimo. Veamos un ejemplo. Supongamos que usted espera que un amigo/a muy especial le telefonee para pedirle que sea su pareja en el baile de la comunidad. Espera hasta el último momento, pero su amigo/a no le llama, entonces se dice: «Me siento avergonzado/a.» Esta emoción no debe escribirla en la hoja de la triple columna porque es una afirmación que no puede ser refutada, porque verdaderamente se está sintiendo así. No es el ámbito de la emoción sino el del pensamiento porque, recuerde, sus pensamientos determinan sus sentimientos. Si transforma su pensamiento modificará su estado de ánimo. Apunte los pensamientos que invadieron su mente en el momento en que se dio cuenta de que se había quedado sin acompañante para la fiesta. Por ejemplo: «Qué tonto/a he sido. Al final me he quedado sin acompañante.» Este pensamiento puede racionalizarlo y decirse: «Un momento. Yo no soy tonto/a, simplemente pensé que me llamaría. Desde luego hubiera sido mejor que yo mismo/a le hubiera propuesto que fuera mi acompañante, o que hubiera aceptado la invitación de otros amigos, pero ahora ya está hecho. No es el fin del mundo. Además, para ir a una fiesta no me hace falta pareja.»

- En la segunda columna escriba la distorsión cognitiva implícita en su autocrítica. A partir de la información reunida en el capítulo II, intente reconocer qué distorsión cognitiva aparece en sus autocríticas negativas. Por ejemplo, si dice «Soy un ser mediocre», está utilizando la etiquetación. Anótela.
- En la tercera columna escriba una respuesta alternativa o racional a sus pensamientos autocríticos. Por ejemplo, si siente un acceso de pánico antes de presentarse a un importante examen y piensa «No puedo hacerlo. Siempre me suspenden. Nunca lo conseguiré. Soy tonto», puede refutar este pensamiento distorsionado diciéndose: «¡Alto! No es verdad que no pueda hacer el examen, de hecho ya me presenté a la convocatoria del año pasado, así que puedo volver a hacerlo. Es verdad

que suspendí, pero eso no significa que esta vez vaya a pasar lo mismo. Además, aunque haya suspendido antes no prueba nada, porque he hecho muchísimos exámenes en mi vida antes que éste y los he aprobado; así que no puedo ser un tonto.»

Refutar un pensamiento autocrítico irracional no significa que deba autoengañarse y adoptar razonamientos positivos pero irreales. Recuerde: no se trata de cambiar un pensamiento negativo por otro positivo, sino de cambiar un pensamiento irracional por otro racional. La diferencia es sustancial. Veamos el siguiente ejemplo: lee en el periódico una noticia bastante alarmista sobre el cambio climatológico y exclama: «El planeta se muere irremediablemente. El ser humano es destructivo por naturaleza.» Si toma este pensamiento irracional y lo cambia por uno positivo pero sin racionalizar puede acabar exclamando: «¡Bah! Mucho ruido y pocas nueces. El poder del ser humano es superior al de la naturaleza, así que no hay que preocuparse porque se produzcan cambios en el clima. Es imposible que ocurra nada malo. Los científicos controlan el tema absolutamente.» Por último, puede tomar el primer pensamiento irracional y refutarlo con un pensamiento racional y no destructivo, por ejemplo: «El tema ecológico empieza a ser preocupante. Lo cierto es que el ser humano parece ser el único ser viviente capaz de dañar a la naturaleza. De todas formas, el hecho de que los medios de comunicación se interesen cada día más por este tema me tranquiliza, porque significa que detrás hay personas concienciadas en el tema e interesadas en cortar este proceso destructivo cuanto antes.»

Es posible que, a veces, cuando trabaje en la cumplimentación de esta tercera columna, no sea capaz de encontrar un razonamiento lógico a su pensamiento irracional. No se preocupe. Deje la respuesta en blanco y vuelva a ella al día siguiente, verá cómo pasadas unas horas le resulta más fácil.

La técnica de la triple columna propuesta por David Burns es un método de reestructuración del pensamiento que le ayudará a cambiar el bajo autoconcepto que tiene de sí mismo. A medida que se haga más hábil en el manejo de esta técnica, adquirirá mayor destreza para ver las cosas desde el terreno de la racionalidad, del bienestar y la felicidad. En términos populares, pasará de ver el vaso medio vacío a verlo medio lleno. Generalmente le recomiendo que le dedique al ejercicio de la triple columna un cuarto de hora diario durante un par de meses. Este período de entrenamiento será suficiente para que usted se maneje con total soltura en el reconocimiento de sus pensamientos autocríticos, en la identificación de las distorsiones cognitivas y en la refutación racional de dichos pensamientos; en definitiva, en este corto espacio de tiempo usted comprenderá lo ilógicos que eran esos pensamientos que le perturbaban.

A continuación ofrecemos un modelo de la técnica de la triple columna.

AUTOVERBALIZACIÓN (PENSAMIENTO)	DISTORSIÓN COGNITIVA	RESPUESTA ALTERNATIVA O RACIONAL
1. «Debería amarme más a mí mismo.»	1. Enunciaciones «debería»	1. Es cierto que amarse a uno mismo es positivo, pero no debo planteármelo en términos «debería», porque lo único que voy a conseguir es frustrarme.
2. «Soy un desastre, todo lo hago mal.»	2. Filtro mental Pensamiento todo/nada Descalificación de lo positivo Magnificación	2. Vamos, calma. Todo lo ves de una forma pesimista porque estás deprimido. Es lógico. Pero el que veas las cosas así, no significa que sean realmente de esta manera. En realidad, es justo lo contrario.
3. «Soy un fracasado.»	3. Etiquetación	3. ¡Qué barbaridad! No soy un fracasado. Ha habido cosas que me han salido mejor que otras pero eso le ocurre a todo el mundo. Si todas las personas nos fijáramos exclusivamente en lo malo que nos ocurre, entonces, todo el mundo, hasta la gente con más poder, podría lamentarse de ser un fracasado.

La técnica de la triple columna es tan sencilla como eficaz. Le aseguro que si dedica unos minutos al día a anotar sus pensamientos automáticos y a refutarlos racionalmente, en muy poco tiempo su calidad de vida mejorará ostensiblemente. Una paciente definió muy bien el proceso que experimentó cuando inició el camino hacia su automejora personal: «Es como tener ojos nuevos», me dijo. ¡Le reto a que lo compruebe por sí mismo!

IV

EL MIEDO A LA CRÍTICA

En cierto modo, el miedo a la crítica está íntimamente relacionado con una baja autoestima. Las personas más vulnerables a la crítica son también las menos seguras de sí mismas, como lo demuestra el hecho de que conceden mayor credibilidad a los comentarios, juicios, y observaciones de otras personas que a los suyos propios. Esto es, obviamente, paradójico e irracional, pues *es absurdo aceptar que el criterio de otra persona es mejor que el propio.*

Supongamos el caso de una crítica personal. Usted y yo mantenemos una charla informal y, en un momento dado, yo le digo: «Lo que pasa es que tú eres demasiado bueno. Eres tan bueno que pareces lelo. Las arañas ven tu debilidad y caen sobre ti, tejen su tela sobre tu cabeza y ya no puedes salir de ella. A mí desde luego no me pasaría. ¡Por supuesto que no! Yo los veo venir de lejos. Parece que a ti te guste el papel de víctima. La verdad, no entiendo tu actitud.» Usted me contesta: «Sí, tienes toda la razón. Soy un ser débil y todo el mundo se aprovecha de mí.»

Aun suponiendo que mi comentario estuviera formulado con la mejor de las intenciones, usted no debería aceptarlo tan sumisamente. ¿Por qué? Por muchísimas razones que intentaré numerar:

1. Al aceptar mi crítica acerca de su personalidad, usted está aceptando que yo sé más de usted que usted mismo, cosa del todo improbable.

2. Su actitud sumisa ante mi comentario me otorga un poder innecesario sobre usted.

3. Y aún más importante, ninguna definición acerca de usted mismo, provenga de donde provenga, es válida. El *autoconocimiento es* una tarea imposible. Empeñarse en encontrar una única esencia que nos autodefina es algo tan absurdo como intentar encontrar una definición unívoca sobre qué es el arte, la libertad, o el amor. Podemos intentar una definición si así lo deseamos, pero forzosamente será parcial, nunca absoluta, nunca universal, nunca absolutamente satisfactoria. La característica más destacada del ser humano es su condena a cambiar continuamente; por ser una criatura perennemente inacabada pertenece al universo de las cosas indefinibles. La historia personal de cada hombre y cada mujer es hija de la incongruencia, y por eso cualquier definición será siempre parcial. Piense en ello y, si lo desea, lleve a cabo la *prueba del autorretrato.*

Tome unas cuartillas en blanco y colóquese ante ellas con voluntad literaria. Posiblemente su talento escribiendo no tenga parangón con el de Dostoievski, Cervantes o Tólstoi, pero al menos inténtelo. Lo de la voluntad literaria es relevante porque no vale hacer un autorretrato superficial. Usted, al igual que los grandes genios de la literatura, va a llevar a cabo un verdadero trabajo de introspección, con su pluma va a intentar retratar su *alma.* Se va a convertir en un pintor de palabras, y con ellas va a retratarse de tal manera que un ciego, al leer sus notas, podrá verlo. ¡Inténtelo!

Hace muchos años, siendo bastante joven, yo también escribí mi autorretrato. Fue entonces cuando comprobé que *yo era todo,* cualquier calificativo que utilizaba en mi autodefinición era seguido del adjetivo contrario. A partir de entonces me cuidé mucho de utilizar expresiones como: «Yo soy una persona así o asá.» Y, aún mejor, nunca más sentí la necesidad de encontrar esa definición unívoca que me sirviera para reconocerme. Yo no era un ser catalogable porque, en potencia, *era todo.* Fue un descubrimiento maravilloso porque con esta creencia se rompían muchas cadenas, a la vez que se abría un camino de libertad hacia el encuentro de aquellas zonas de mí mismo que, libremente, deseara fortalecer. Por supuesto, este nuevo enfoque también me permitió rechazar, sin que me temblara la voz, las definiciones que otras personas pudieran hacer sobre mí.

4. Si a usted, que es la única persona del universo que ha convivido íntimamente con usted misma, no le es concedido, por su propia naturaleza humana, autodefinirse satisfactoriamente en una única dirección, ¿por qué aceptar que una persona ajena le diga, desde su urna de cristal personal, ajeno a su historia y al flujo de acontecimientos pasados que le han modelado hasta hoy, cómo es usted? Aceptar esto es como admitir que cualquiera sabe más de usted que usted mismo. Ciertamente, hay otras personas que le superarán en conocimiento sobre las matemáticas, la filosofía o la historia, pero no existe ninguna persona en el mundo que le conozca mejor de lo que usted es capaz de conocerse —o reconocerse—.

Dicho esto, quizá se preguntará qué actitud puede tomar cuando alguien se empeña en decirle cómo es usted —en el caso de que esto le moleste—. Por supuesto, ésta es una decisión que debe tomar libremente, pero le diré lo que yo hago, y lo que recomiendo a aquellos pacientes especialmente propensos a recibir este tipo de comentarios de sus amigos, y a creérselos, haciéndoles variar su autoconcepto.

Haciendo un poco de broma, a mí me viene especialmente bien mi profesión de psicólogo, y si alguna vez alguien se empeña *en analizarme,* le digo entre risas que el psicólogo soy yo.

No permitir que la conversación se desvíe hacia estos términos es una buena medida, pero si cuando reacciona ya es demasiado tarde, quizá sea bueno adoptar una conducta asertiva y decirle a la otra persona —con un tono tranquilo y una actitud dialogante— que no cree en las definiciones absolutas, que tiene suficientes razonamientos teoricofilosóficos para rechazarlas y que, si lo desea, está dispuesto a explicárselos detalladamente; pero que, en cualquier caso, no le agrada que otra persona le defina, porque estas definiciones son siempre parciales. Que siente que una gran parte de usted —quién sabe si la más importante— queda fuera de consideración; que las definiciones personales siempre le acaban deprimiendo porque en un momento de debilidad puede acabar pensando que la gente sólo le ve de una manera, y que eso le entristece porque le recuerda que todos estamos solos en el mundo, que nadie sabe quién es quién; y, por último, que le agradece su interés pero que usted es de los que piensan que sólo los animales son siempre de una manera, y que usted, en tanto que ser humano, puede ser —y de hecho es— de muchas maneras distintas.

A lo mejor usted es de los que teme a la crítica porque depende excesivamente de la aprobación de los demás. Si una sola persona tiene un concepto negativo de usted, siente que su universo se derrumba. «Oh, Dios mío, nadie me quiere!» Usted no ha aprendido a aceptar una de las leyes básicas de la naturaleza humana: *haga lo que haga siempre habrá alguien que no estará de acuerdo con usted.* Paradójicamente, su preocupación por agradar a todo el mundo le convierte en una persona poco interesante ante los demás, y una víctima propiciatoria para recibir todo tipo de críticas, justo lo que usted intenta evitar.

CÓMO SER INVULNERABLE A LA CRÍTICA

¿Se incluiría usted en el grupo de las personas hipersensibles a la crítica? Si es así, casi seguro que envidiará la habilidad de aquellos que parecen tener una gran capacidad para hacer que la crítica no les afecte. Quizá se pregunte qué tienen estos individuos que usted no tenga, para poder hacer oídos sordos a los comentarios críticos, mientras que usted desearía ser tragado por la tierra. ¿Es que acaso ellos están dotados de una especie de *autismo* benefactor que les inmuniza? ¿O quizá se trata de que ellos han nacido con un toque de *gracia* que impide que la gente sienta deseos de criticarlos? Nada de eso. La única diferencia entre usted y ellos está en el pensamiento. Mientras que usted, al recibir una crítica, genera un autodiscurso gobernado por pensamientos negativos (generalización excesiva, personalización, todo/nada, etc.) que alteran su estado de ánimo y su conducta y que desestabilizan su autoestima, ellos racionalizan la crítica y la refutan cuando no es pertinente o no es correcta.

Cuando era joven, los domingos solía ir al baile con un amigo. Como es lógico a esa edad, nuestro propósito era conocer chicas con las que salir. Recuerdo que lo pasaba bien, pero cuando ponían música lenta y llegaba el momento en que los chicos sacábamos a bailar a las chicas yo me ponía a temblar. En cambio, para mi amigo Roberto éste era el mejor momento de la tarde. Yo era un joven tímido y aunque deseaba, como cualquier joven de mi edad, conocer chicas, la idea de pedirle el baile a una chica y que ésta se negara me aterrorizaba. Roberto, por el contrario, era mucho más lanzado que yo y si una joven le rechazaba, no dejaba pasar más de diez segundos antes de volverlo a intentar con una chica diferente. El resultado lo imaginarán ustedes. Roberto ligaba mucho más que yo.

Con esta anécdota personal deseo significar que el miedo a la crítica, el temor al rechazo o a hacer el ridículo es una cuestión de pensamiento. Roberto no se desestabilizaba cuando una chica le rechazaba porque no interpretaba el «desaire» de ésta como un fracaso personal. Él aceptaba las reglas del cortejo: a veces se es correspondido y otras no, pero para ser correspondido es necesario intentarlo. Entendía que el que una chica no deseara bailar con él significaba simplemente que no deseaba bailar con él, y en ningún caso un rechazo total hacia su persona.

Mientras que Roberto interpretaba la negativa a bailar de alguna chica con un pensamiento racional («Otra vez será»), yo lo hacía con un pensamiento distorsionado («He hecho el ridículo»). Este pensamiento me provocaba una gran ansiedad e incidía en mi conducta. Aunque yo deseaba conocer chicas, lo que me decía a mí mismo acerca del hecho de ser rechazado me impedía obrar con naturalidad.

La tabla siguiente muestra cómo una misma situación activadora podía afectarnos de una forma tan distinta a Roberto y a mí:

	SITUACIÓN ACTIVADORA	PENSAMIENTO	EMOCIÓN	RESULTADO
Roberto	Invito a una chica a bailar y ella declina mi invitación.	«Otra vez será.»	Tranquilo.	Lo intentaba de nuevo con otra chica.
Raimon	Invito a una chica a bailar y ella declina mi invitación.	«He hecho el ridículo.» (conclusiones apresuradas).	Ansioso.	Me deprimía tanto ante la negativa de la chica que ya no volvía a intentarlo hasta que pasaban varios días.

La teoría cognitiva no acepta la existencia de la crítica, en cuanto estímulo externo capaz de dañar. Es usted, con sus pensamientos negativos, quien legitima la crítica. Por tanto, el dolor, la humillación, la frustración o la ira que siente cuando alguien le amonesta o le rechaza no son consecuencia de las palabras que alguien le ha dicho, sino de los pensamientos que han invadido su mente a partir del momento en que alguien le ha increpado o rechazado.

La crítica no puede ofenderle a menos que usted quiera. Nada de lo que le digan contiene en sí mismo veneno, si usted no está dispuesto a que así sea. Tal como dice David Burns: «Cuando la gente le critica, los comentarios que hacen pueden ser correctos o incorrectos. Si son incorrectos, usted no tiene razón alguna para sentirse mal.»[7] Es así de sencillo, las críticas son correctas o incorrectas, verdaderas o falsas.

¿Qué puede pasar si una persona le critica injustamente? Nada que usted no quiera. ¿Por qué tiene que sentirse mal por los comentarios erróneos de otra persona? El error es del otro, no suyo. Recuerdo el siguiente caso:

Un paciente acudió a mi consulta por primera vez. Venía presionado por su familia y no porque realmente considerara que tenía un problema, así que su conducta era de rechazo. Empezamos a charlar y él, con tono beligerante, empezó a criticar al colectivo de psicólogos, acusándonos de charlatanes indoctos cuyo principal interés son las ganancias económicas.

Ante este ataque, yo podía adoptar dos posturas distintas: sentirme seriamente dolido por una crítica que consideraba absolutamente injusta, o bien, adoptar una actitud más objetiva y no dejarme alterar por un comentario totalmente infundado. Yo, como psicólogo, sé bien que mis colegas de profesión son buenos profesionales, preocupados por mantenerse informados de los últimos avances científicos relacionados con el campo de la psicología, y no más interesados por el dinero que cualquier otra persona. ¿No hubiera sido absurdo por mi parte dejar que el comentario de mi paciente me alterara negativamente? ¿Tan inseguro estaba de mi capacidad como psicólogo? ¿Tan poca fe tenía en la labor diaria de mis colegas? No.

Si yo estaba realmente convencido de mi labor como psicólogo no podía permitir que el comentario incorrecto y airado de otra persona me hiciera dudar de ello.

7. Ibídem. p. 137.

Y si se da el caso contrario, es decir, que alguien critica correctamente una acción o actitud suya inapropiada, tampoco debe ser motivo de aflicción. A veces las críticas son constructivas, ¡sáqueles partido! Si alguien, en confianza, le comenta que tal o cual actitud suya puede acarrearle consecuencias desagradables, o simplemente le va a impedir la consecución de sus metas y usted reconoce que esta observación es correcta, que hay verdad en ella, acéptela, piense en ello y planifique una estrategia de resolución.

Hace unos años estuve a punto de cometer un grave error con mi familia. Después de mucho esfuerzo veía cómo mi clínica adquiría solidez. Cada día acudía un número mayor de personas a mi consulta. Además, había empezado mi carrera como docente. Sin darme cuenta, acabé dedicándole todo mi tiempo al trabajo. Y cuando estaba en casa, en lugar de dedicarle atención a mi esposa y a mis dos hijos, me encerraba en mi despacho para estudiar los casos de mis pacientes o preparar las clases. Un día, mi mujer criticó mi actitud excesiva hacia el trabajo y me dijo que podía traer problemas a nuestra familia. Como en el caso anterior, se me planteaban dos posibles respuestas: podía ofenderme con ella y sentirme herido por su falta de reconocimiento hacia la tarea que estaba llevando a cabo; pero, si reconocía, como así fue, que lo que ella decía respondía a la verdad, sólo podía reaccionar aceptando su crítica, reflexionando y buscando soluciones para resolver el problema.

En resumen, las críticas pueden ser correctas o incorrectas, pero en última instancia son sus pensamientos los que le dan un carácter pernicioso. Si usted se reconoce como una persona vulnerable a las críticas, su vida puede empezar a cambiar a partir del momento en que interiorice esta premisa.

A estas alturas del libro, usted ya se ha familiarizado con las técnicas cognitivas y se imagina cómo aplicarlas en este caso. En efecto, se trata de identificar los pensamientos distorsionados que le ponen en la cuerda floja cada vez que alguien le reprueba algo.

Preocupación, angustia, dependencia, ira, y frustración es lo que usted experimenta ante las críticas. Estos estados de ánimo, ya lo sabe, no son fruto de la crítica en sí, sino de sus pensamientos negativos. Si reemplaza estas distorsiones irracionales por otras racionales, las críticas dejarán de ser un problema para usted. La técnica de la doble columna le será muy útil. Veamos cómo puede aplicarla.

En una cuartilla en blanco, trace dos columnas. En la de la izquierda escriba los pensamientos negativos automáticos que le vienen a la cabeza cuando alguien le critica. En la derecha refute con argumentos racionales —y creíbles para usted— sus pensamientos negativos. Mediante esta sencilla técnica se dará cuenta de lo irracionales que son sus temores y que no merecen ninguna atención por su parte. Veamos algunos ejemplos:

AUTOCRÍTICA	AUTODEFENSA
1. «Nunca le caigo bien a nadie. Soy un ser despreciable y antipático. ¡Qué mal me he portado con él! Lo único que he conseguido es que me desprecie.»	1. No es verdad. Hay gente a la que le caigo bien y gente a la que le caigo mal, pero esto es inevitable. A mí también me ocurre lo mismo. Tampoco es cierto que sea un ser despreciable y antipático. A veces no soy simpático, pero otras veces sí lo soy. En cuanto a lo de *despreciable* me parece que ha sido una exageración por mi parte. Ahora que lo pienso no conozco ni una sola persona que pueda ser catalogada así. Es cierto que hoy no me he portado demasiado bien con él, pero mañana mismo le pediré disculpas, aunque sé que él no me desprecia por lo que he hecho. Yo no le despreciaría si me lo hiciera a mí.
2. «¡Me van a despedir del trabajo! He perdido la confianza de mis superiores. El jefe tiene razón, mi informe era un desastre.»	2. ¡Alto!, nadie me ha hablado de despido ni de que han perdido la confianza en mí. Además, el jefe no me ha dicho que el informe sea desastroso, sólo que debo retocar algunos detalles.
3 .«Debería ser más puntual. Siempre hago esperar a la gente. Acabará por dejar de ser mi amigo y me lo tendré merecido por irresponsable.»	3. Lo mejor será no dramatizar y pensar en ello. Ahora que lo pienso, casi nunca hago esperar a la gente. De hecho, sólo he llegado tarde en un par de ocasiones. Él no va a dejar de ser mi amigo si un día llego tarde. Sólo me ha comentado que llevaba un rato esperándome pero no estaba enfadado.
4. «No soy una buena esposa. No me preocupo lo suficiente de mi familia.»	4. ¡Claro que soy una buena esposa! ¿Qué es exactamente eso de ser una buena esposa? Yo me preocupo por mi familia, quizá el problema sea precisamente que me preocupo demasiado.
5. «Es cierto que tengo muy mal gusto. Si hasta la niña me lo dice, que pensarán los otros.»	5. ¿Por qué mi gusto ha de ser menos válido que el de los demás? A mí me gusta la ropa que llevo, y eso es suficiente.

TRES PASOS BÁSICOS PARA CONTESTAR EFICAZMENTE A LA CRÍTICA

Si usted es de los que temen a la crítica probablemente también sea de los que no saben defenderse ante ella. A lo mejor, es de los que aguantan el chaparrón y ya en su casa se le ocurre lo que tenía que haber dicho: «Si le hubiera dicho que...», «Le tenía que haber contestados que...»; pero claro, ya es tarde. Para que esto no suceda podemos utilizar unas técnicas muy sencillas. Sólo es preciso practicar con cierta constancia.

1. Empatizar y ser asertivo con la crítica

Por regla general, nadie recibe una crítica con agrado, ni siquiera aquellas que tienen voluntad constructiva. En la mayoría de ocasiones, nuestra actitud frente a ellas es de confrontación. Nos ponemos a la defensiva e intentamos por todos los medios desbancar los argumentos esgrimidos por la parte contraria. En consecuencia, las críticas suelen acabar creando resquemores y pequeños odios entre las personas. Un desenlace desagradable como éste puede evitarse mediante la empatía. Empatizar significa ponerse en el lugar del otro, en este caso, en el lugar del que hace la crítica.

Por otra parte, la empatía está relacionada con la asertividad. En términos generales se considera que, en la comunicación interpersonal, las personas podemos comunicarnos mediante una actitud agresiva, pasiva o asertiva.

- El tipo humano agresivo adopta una postura corporal crispada o de ataque, su tono de voz es excesivamente alto, y su política es imponer su criterio u opinión a los demás. Se trata de una persona inflexible, en el fondo insegura de sí misma, y que puede acabar provocando rechazo en la gente que le rodea.

Ante la crítica, se enfurece. Este tipo de personas no concibe que pueda cometer errores, les parece increíble que alguien pueda pensar que tienen algún defecto. Son perfeccionistas; si encajan tan mal las críticas es porque no aceptan ser imperfectos. Si se defienden con tanto ahínco es porque su autoestima depende, en el fondo, no de sí mismos sino de los demás. Desconocen la expresión «crítica constructiva». Para ellos una crítica equivale siempre a un ataque, y por eso se defienden atacando. Normalmente este ataque consiste en desprestigiar al contrario, demostrarle lo insensible, injusto, grosero o maleducado que ha sido. Puesto que se plantea la crítica como una batalla, utiliza todos los medios para salir vencedor. Se sobreexcita, lanza acusaciones, y dramatiza la situación hasta tal punto que la relación se deteriora. A la larga, la satisfacción que obtiene con el enfrentamiento cara a cara acaba volviéndose contra él.

- El tipo humano pasivo, por el contrario, adopta una postura corporal sumisa, su tono de voz es bajo, se doblega ante las opiniones de los demás y nunca defiende una opinión, criterio o postura, aunque crea firmemente en ella. Al igual que en el caso anterior, también se trata de una persona insegura de sí misma, que corre el riesgo de acabar rodeada de personas que no la respetan y abusan de ella. En cambio, entre las personas con un sentido elevado de las relaciones interpersonales, suele provocar rechazo.

Ante la crítica, se repliega sobre sí mismo. No parte de la premisa de que las críticas pueden ser correctas o incorrectas, simplemente las acepta. No se cuestiona si lo que le están diciendo es verdadero. Es de los que piensan: «Es verdad, tiene razón.» La tendencia a creerse todas las críticas tiene consecuencias desastrosas. En primer lugar, este tipo de personas puede protagonizar situaciones tan absurdas como la de acabar buscando obsesivamente en sus acciones o en sí mismas una demostración del objeto crítico, aunque éste sea injustificado. La persona puede llegar a preguntarse «¿Seré de verdad tan tonto?», «¿Será verdad que mi pelo parece un estropajo?» En segundo lugar, la tendencia a no cuestionar las críticas puede tener efectos muy graves sobre los estados de ánimo, llegando incluso a deprimir a la persona. «No puedo seguir estudiando. No vale la pena. Soy un tonto incompetente. Me gustaría estar muerto.» «¡Qué desgraciada soy! Mi pelo es asqueroso. Nadie se enamorará nunca de mí. Me quedaré sola. ¡Qué vergüenza!» En tercer lugar, la acción de creerse incondicionalmente cualquier crítica puede acabar convirtiéndose en premonitoria. La persona busca insaciablemente el error, el defecto, la mácula, hasta que la encuentra o acaba creyéndosela. Por ejemplo, la persona que se ha creído que es tonta posiblemente acabe comportándose como un tonto. La persona pasiva en el fondo piensa que si no es perfecta no vale nada. Su autoestima depende del juicio de los demás, de ahí que sea tan vulnerable y propensa a la depresión.

- Por último, está el tipo humano asertivo. Flexible, abierto, dialogante, siempre dispuesto a escuchar las opiniones de los demás. Su postura corporal es receptiva, su tono de voz no es ni demasiado alto ni demasiado bajo. Escucha pacientemente todo lo que tengan que decirle, no interrumpe ni lee entre líneas, simplemente escucha. Se pone en el lugar del otro e intenta comprender no sólo lo que dice sino también por qué lo dice. Cuando no entiende algún dato, o cuando considera que la otra persona no le está ofreciendo toda la información necesaria para entender el sentido de sus palabras, le hace preguntas, facilitando el entendimiento entre ambos. Esta actitud hace imposible que se desencadene un duelo verbal entre su interlocutor y él. De hecho, ésta es su mejor baza. Aún suponiendo que la persona que está formulando la crítica estuviera muy alterada y nerviosa, poco a poco se va tranquilizando porque ve que la persona que tiene delante no está dispuesta a ser su enemiga. Generalmente ocurre que la tranquilidad del tipo asertivo, su flexibilidad y tolerancia, se contagia al tipo agresivo, no a la inversa. Ahora bien, aunque la persona asertiva no cae en provocaciones, tampoco se deja humillar. Si considera que la crítica es incorrecta, no se calla para evitar una discusión. Sus criterios son firmes, no pretende imponérselos a nadie pero tampoco está dispuesto a aceptar que se los impongan a él. La diferencia fundamental entre el tipo asertivo y los tipos agresivo y pasivo es que el primero comprende que nadie espera de él que sea perfecto y que la crítica no pone en peligro su autoestima.

Así pues, ser asertivo es, sin lugar a dudas, la opción más inteligente y la más adecuada para aprender a encajar las críticas. Recuerde: si adopta una postura corporal receptiva, un tono de voz tranquilo, deja acabar la alocución de su interlocutor sin interrupciones, hace preguntas, intenta ponerse en la piel del otro, y se mantiene firme en sus criterios cuando ello sea pertinente, ninguna crítica podrá afligirle, por incorrecta que sea.

Pero, a menudo, el problema no radica tanto en que una crítica sea correcta o incorrecta sino en que entre la persona que emite la crítica y quien la recibe se alzan unas barreras lingüísticas que impiden el entendimiento. Son aquellos casos en que las críticas no son específicas, aluden a lo abstracto, connotan y no denotan, son oscuras, ambiguas, sólo entendibles para el emisor y no para el receptor. Quizá esto se entienda mejor con algunos ejemplos. Veamos la diferencia que hay entre un mismo mensaje emitido con lenguaje ambiguo o específico.

MENSAJE AMBIGUO	MENSAJE ESPECÍFICO
Eres un vago.	No has limpiado el garaje.
No eres detallista.	Me gustaría que no te olvidaras del día de nuestro aniversario de bodas.
Eres un torpe.	Tienes que tener más cuidado con las cosas de valor de la casa porque son delicadas y enseguida se rompen.
Eres una caprichosa.	Me gustaría que entendieras que no es preciso tener una docena de pares de zapatos para ir bien calzada.
Este niño cada vez es más tonto.	Comprendo que estás en una edad difícil, pero entiende que has de prestar atención en clase e intentar sacar buenas notas.

Si reflexionamos acerca de los ejemplos del cuadro anterior, vemos que la diferencia sustancial entre un mensaje ambiguo y otro específico es que mientras la crítica ambigua es global, la específica es parcial. Recibir una crítica por una acción o actitud concreta no es lo mismo que se nos enjuicie toda nuestra personalidad por un error. Habitualmente, cuando alguien nos tacha de tontos, vagos o torpes; en realidad se está refiriendo a hechos muy concretos y no a que realmente seamos así. Las personas que se expresan con estos términos globales generalmente no son conscientes de que sus palabras pueden llegar a ser ofensivas para quien las recibe. Tampoco son conscientes de que su mensaje resulta poco claro para el otro, ya que se trata de generalizaciones. Si, por ejemplo, lo que le molesta es que la otra persona no realiza la parte que le corresponde de su trabajo doméstico, debe decirle «no estoy de acuerdo con que te evadas de tus tareas domésticas y que me las cargues a mí», porque de esta manera deja la situación clara. Lo que debe evitar son los comentarios generales, por ejemplo, «eres un vago», porque de esta manera sólo conseguirá que el otro se ofenda y que las tareas se queden sin hacer.

Como resumen de este primer punto transcribiremos el diálogo que se produce entre un matrimonio. Ella le critica que *no es cariñoso* con ella. Veamos cómo se enfrenta el esposo a esta crítica ambigua.

ELLA: (con tono irritado): ¡Estoy harta de que te muestres tan poco cariñoso conmigo! Si has dejado de quererme, ¡dímelo!

ÉL: (con tono apacible y semblante relajado): ¿Por qué dices que no te quiero?

ELLA: Porque no eres cariñoso conmigo.

ÉL: Trata de ser un poco más específica, dime en qué ocasiones te he parecido poco cariñoso.

ELLA: ¡Siempre!, últimamente ¡siempre!

ÉL: Trata de no exagerar. ¿De verdad crees que últimamente no he tenido ninguna muestra de cariño hacia ti?

ELLA: Bueno, no... siempre no.

ÉL: Admites que algunas veces soy cariñoso contigo. Por tanto, no puede ser cierto que nunca soy cariñoso contigo.

ELLA: De acuerdo, pero aun así yo he notado que ya no eres tan cariñoso conmigo como antes.

ÉL: Bien, pues entonces dime qué muestras de cariño tenía antes que ahora no tengo.

ELLA: Hace mucho tiempo que no me dices que me quieres.

ÉL: Entonces, el problema, lo que te ha hecho pensar que te he dejado de querer, es que hace cierto tiempo que no te digo que te quiero.

ELLA: Sí.

ÉL: ¿Hay algo más que te moleste? ¿He hecho alguna otra cosa que te haga pensar que no te quiero?

ELLA: No.

ÉL: Entonces, ¿si te digo que te quiero dejarás de pensar que ya no te amo y que soy poco cariñoso contigo?

En este ejemplo dialogado vemos que:

- La crítica está formulada en términos ambiguos, poco claros para el receptor.
- El receptor empatiza con el mensaje del emisor. En lugar de contraatacar y tomar una actitud defensiva, intenta descubrir por qué le critica el emisor, y qué, cómo y cuándo ha hecho algo ofensivo o indebido.
- Con su actitud asertiva y su voluntad de ponerse en la piel del otro convierte lo que podía haber sido una pelea en un diálogo; al evitar las rencillas evita los rencores.
- Con la estrategia de hacer preguntas consigue, por una parte, buscar soluciones para arreglar el conflicto, y por la otra, demuestra al interlocutor, sin humillarlo, que su crítica no estaba bien formulada, que era poco clara.

2. Buscar puntos de coincidencia con la crítica

¡Póngase de acuerdo con su adversario! Quizá le choque este consejo, pero no me malinterprete, no se trata de doblegarse ante el criterio ajeno, sino de buscar las *zonas de verdad* en las palabras de la persona que hace la crítica. En apartados anteriores hemos dicho que una crítica puede ser correcta o incorrecta. Ahora añadimos que también puede ser semicorrecta. De hecho casi siempre es posible encontrar en los argumentos contrarios una pizca de verdad, o al menos el móvil en que se vindican. Es preciso advertir, no obstante, que es importante que los puntos de coincidencia sean verdaderos, no simulados. No puede tratarse de una estrategia maniquea para ganar la guerra sino de un *posicionamiento* hacia la convivencia. En aquella crítica donde seamos capaces de encontrar un ápice de verdad haremos bien en reconocérselo al emisor, pero si esto no es posible es preferible el silencio a la mentira. Hasta en los casos más extremos, cuando alguien nos insulta, podemos entender por qué lo hace. No se trata de justificar actitudes groseras en pos de un entendimiento sobrehumano hacia la humanidad. Pero es cierto que si nos ponemos en la piel de la otra persona, tenemos en cuenta sus circunstancias personales, su estado de ánimo, y su forma particular de interpretar el mundo, es muy difícil no llegar a comprender (que no significa compartir) hasta las actitudes más extremas. Pero este tema no vamos a abordarlo, lo dejamos a la reflexión de cada uno. Lo que queremos decir con esto es que cuando se empatiza con los argumentos del contrario casi siempre es posible llegar a entenderlos, y aún más relevante, que no es incompatible estar globalmente en desacuerdo con una crítica y a la vez parcialmente de acuerdo con ella.

Supongamos que alguien lee este libro y me dirige una carta en estos términos:

> Sr. Gaja.
>
> He leído su libro y debo decirle que me parece una auténtica porquería. Usted hace que todo parezca fácil, actitud poco seria viniendo de un psicólogo. Al leer su libro me ha dado la impresión de que si sufro es porque quiero. Que soy yo el que lo embrollo todo. Usted, mejor que nadie, debería saber que la vida es terriblemente complicada. Me parece una vergüenza que haya escrito un libro así sin tener en cuenta que hay millones de personas en el mundo que sufrimos de verdad. ¡Es imperdonable!

Ante una carta de estas características se me ocurren unas cuantas opciones. Podría ignorarla argumentando que una misiva escrita en términos tan ofensivos no se merece atención por mi parte. También podría caer en una profunda aflicción, llegando incluso a replantearme mi carrera profesional. Pero todavía me queda otra opción, la más acertada según mi criterio, que sería intentar comprender por qué alguien se ha tomado la molestia de escribirme una carta tan visceralmente apasionada y también qué parte de verdad puede haber en lo que dice. Quizá no esté totalmente de acuerdo con él, pero a lo mejor puedo estarlo parcialmente. Si finalmente adoptara esta opción, podría responder a su carta con esta otra:

Sr. X.

He recibido su carta y debo darle la razón en alguna de las cosas que dice y mostrarle mi desacuerdo en otras. Tengo que agradecerle lo que dice acerca de que hago que las cosas parezcan fáciles. Sin embargo este mérito no me corresponde a mí sino a los fundadores de la teoría cognitiva, los cuales han creado un método terapéutico rápido, sencillo, asequible y eficaz. Me alegro de que, al menos en esto, coincidamos los dos. No obstante, *usted* dice algunas cosas en la carta con las que no estoy de acuerdo. Por ejemplo, me dice que el libro parece una porquería. Deduzco por sus palabras que no le ha sido útil y, créame, lo lamento. He dedicado tiempo y cariño a la redacción de este libro. Es posible, sin embargo, que algunas partes del libro sean mejores y otras peores. Quizá sería bueno para *usted* que probara con otro tipo de teorías distintas a la cognitiva. Es posible que se adapten mejor a sus necesidades. También me critica que no he tenido en cuenta al escribir este libro a los millones de personas que sufren en este mundo. En esto no puedo darle la razón. No es que yo imagine que este libro puede solucionar la vida a millones de personas, pero sí puedo decirle que, al escribirlo, no he dejado de tener en cuenta a ese posible lector que necesitaba mi ayuda. Ha sido pensar que quizá pudiera ayudar a las personas que sufren, aunque sólo fuera a una de ellas, lo que me motivó a escribir este libro. De cualquier modo, lamento no haberle sido de ayuda.

Atentamente
RAIMON GAJA

Si usted reconoce que la crítica que le hacen es correcta, coincidir es muy fácil, pero en cambio, si considera que es incorrecta, lo más probable es que se sienta injustamente maltratado y adopte una actitud defensiva. Usted se preguntará: ¿cómo puedo estar de acuerdo con ese cretino que me critica injustamente? ¿Por qué tengo que ser tan comprensivo con alguien que está demostrando que no me conoce en absoluto, y que encima se toma la libertad de juzgarme? Por supuesto, usted no tiene por qué ser comprensivo si no lo desea, pero tenga en cuenta que no le estoy proponiendo que se convierta en un mártir sino al contrario, me limito a sugerirle una estrategia que le ayudará a combatir la crítica.

¿Por qué es tan eficaz buscar puntos de coincidencia con una crítica, incluso en aquellos casos en que nos parece injusta, denigrante y demás calificativos? Es eficaz porque:

- Le demuestra a su interlocutor que está dispuesto a considerar sus palabras, aceptar la parte de verdad que pudiera haber en ellas, entender sus razones, dialogar y, si es posible, llegar a un entendimiento con él.
- Impide que la crítica acabe convirtiéndose en una batalla campal de críticas y contracríticas.
- Al buscar el receptor puntos de coincidencia con la crítica, *desconcierta* al emisor porque no se genera una disputa como inicialmente él esperaba.
- Con todo esto, la actitud agresiva del emisor va extinguiéndose, y lo que podía haber acabado en una discusión y un intercambio de improperios acaba en un diálogo correcto y un intercambio de pareceres.

A continuación reproducimos un diálogo entre dos personas. Se trata de una discusión bastante dura por parte de la persona que hace la crítica. Queremos introducir este ejemplo, y no otro menos severo, porque deseamos mostrar cómo es posible autocontrolarse incluso en las situaciones más extremas. Desde luego, reconocemos que esto no es fácil, porque si aceptar una crítica por insignificante que sea resulta difícil, cuánto más no lo será mantenerse frío en circunstancias en las que la crítica se convierte en un auténtico insulto. No es fácil, es cierto, pero tampoco es imposible. En el siguiente ejemplo se lo vamos a demostrar.

Un joven escritor le ha dejado un manuscrito inédito a otro escritor para que lo lea y opine sobre él. El siguiente diálogo reproduce el momento en que ambos escritores se encuentran.

ESCRITOR 1: Nunca te lo había dicho, pero ahora que me has pedido mi opinión te lo diré. Escribes fatal. No hay quien lea tus cuentos. Son mediocres e insoportables. Yo de ti me dedicaría a otra cosa.

ESCRITOR 2: Sí, yo también creo que algunos de mis cuentos son bastante mediocres. Desde luego, todavía me queda mucho por aprender para llegar a ser un buen escritor.

ESCRITOR 1: Es que además de escribir mal eres tonto. Ni siquiera sabes hablar sin tartamudear. ¡Eres patético!

ESCRITOR 2: Ya sé que hay gente mucho más lista que yo y que habla mejor que yo. A veces tartamudeo y también algunas veces puedo ser patético. No siempre sé estar a la altura de las circunstancias, a veces me cuesta conseguirlo.

ESCRITOR 1: Pero escribes sobre unos temas y hablas sobre unas cosas que a nadie le interesan.

ESCRITOR 2: Sí, a veces tengo la impresión de que algunos temas que a mí me parecen importantes, no le interesan a la mayoría de la gente.

ESCRITOR 1: Bueno, a mí no me interesan tus rarezas literarias. Desde luego, si publicaran uno de tus libros yo no lo leería.

ESCRITOR 2: Sí, creo que es una buena decisión por tu parte. Está claro que tú y yo no compartimos los mismos gustos literarios. Además, yo opino que para disfrutar con la lectura de un libro es necesario que haya complicidad entre el escritor y el lector, y esto en nuestro caso no podría producirse.

Quizá usted esté pensando «¡Este hombre se ha vuelto loco! ¿Cómo puede proponer que aguantemos que nos insulten?» En realidad, no le estoy proponiendo que soporte vejaciones. El escritor 2 del ejemplo podía haberse levantado y marchado y su acción habría sido correcta. Pero piénselo bien: ¿qué es lo más fácil que ocurra si alguien nos critica con palabras groseras? ¿Qué es más fácil, que nos vayamos o que nos enzarcemos en una discusión violenta? La mayoría de las veces apostaríamos por la segunda opción, ¿no es cierto? Por eso no es descabellada mi propuesta, porque si algo no espera el crítico es que tome sus improperios tan impasiblemente.

Desde luego, llegar a este grado de impasibilidad ante la crítica más destructiva requiere mucha práctica. Aunque, afortunadamente, no solemos recibir críticas tan crueles no está de más tener habilidad para defenderse de ellas, en caso de que se produzcan. Le sugerimos que imagine algunos casos extremos, y lo que respondería.

Puede incluso tomárselo como un juego de adiestramiento en habilidades y representar diálogos de este tipo con alguna persona de confianza.

3. Pactar con el adversario

Usted ya ha escuchado pacientemente todo lo que su crítico tenía que decirle, y ahora ha llegado su turno de expresar su opinión. Es conveniente que tenga en cuenta los siguientes criterios:

- No sea destructivo. Defienda su postura con la máxima objetividad posible. Esto quiere decir, en términos prácticos, que debe evitar el lenguaje ambiguo y también las expresiones emocionales. Céntrese en los hechos.
- Evite las etiquetas para definir a la otra persona y su conducta con respecto a usted. No arguya en su defensa expresiones como «Has sido muy cruel conmigo», «Te has pasado, nunca imaginé que fueras capaz de decirme algo semejante.»
- Admita la posibilidad de que quizá se ha equivocado: «A lo mejor me equivoco, pero creo que...», «No sé qué pensarás de esto, pero yo opino que...» «Reconozco que en este aspecto me he equivocado, aunque...»
- Y lo que es más importante, nunca olvide que usted no es sus errores. *El que se equivoque de vez en cuando no le convierte en un ser sin valor.*

V

LA INACTIVIDAD: «DEJAR PARA MAÑANA»

La inactividad es uno de los signos más característicos de las personas deprimidas. Si usted se repite constantemente que no tiene ganas o no puede *hacer nada,* es muy probable que esté deprimido, a no ser que exista alguna causa biológica que lo justifique. La inactividad puede abarcar desde la postergación de pequeñas tareas o decisiones hasta la ausencia total de actividad. Una falta de motivación menor o transitoria no tratada a tiempo puede acabar conduciendo a una situación en la que el menor esfuerzo puede parecer un auténtico suplicio.

La inactividad es una de las conductas más destructivas que puede adoptar el ser humano, porque su dinámica es la del círculo vicioso. Veamos cómo funciona:

1. La persona posterga una tarea, la realización de un deseo o la ejecución de una actividad.

2. Se siente mal consigo misma porque no ha hecho *nada* o algo que *debía* hacer.

3. Se deprime tanto que su estado de ánimo se convierte en una nueva excusa para seguir postergando tareas.

Las consecuencias de la inactividad pueden ser terribles. Lo que empezó como una conducta de postergación esporádica y aislada puede acabar convirtiéndose en un frustrante estilo de vida. Esto es así porque el individuo emplea toda su energía en autocastigarse por las cosas que no ha hecho. Se siente cada vez más deprimido, descontento de sí mismo e impotente. Como hemos dicho, lo que empezó siendo una cosa sin importancia (dejar una actividad cualquiera para el día siguiente) puede acabar expandiéndose como una mancha de aceite hasta alterar todos los ámbitos de la vida de la persona. Veamos estas consecuencias:

1. Poco a poco, la persona deja de interesarse por aquellas actividades que antes le parecían estimulantes.

2. Con el paso del tiempo, su inactividad acaba afectando a sus relaciones laborales, personales y familiares, llegando incluso a deteriorarlas gravemente.

3. Su percepción de la realidad se hace cada vez más negra y deprimente. Ha caído en un pozo sin fondo.

El caso de Paloma es uno de los más difíciles que he tratado. Deseo reproducirlo en este libro porque es un ejemplo sintomático de hasta qué punto la inactividad puede destruir la vida de una persona. Cuando Paloma llegó a mi consulta tenía treinta y dos años y era madre de un niño de diez. Su situación económica era precaria. Divorciada, vivía de una ayuda familiar que le había concedido la institución competente y de la pensión de manutención que le pasaba su ex esposo.

Aunque el historial clínico de Paloma indicaba que era una persona propensa a la depresión, vivía en una situación crítica desde hacía diez años. Ciertamente, a mi paciente le tocó pasar una situación tan anómala como triste: al comunicarle a su esposo que estaba embarazada, éste le dijo que cuando naciera el niño la dejaría, y así fue. Al nacer el bebé, se divorciaron.

Cuando conocí a Paloma, hacía diez años que estaba deprimida. La mayoría de las veces su madre, la abuela del niño, se había tenido que ocupar del pequeño, porque ella era incapaz de hacerlo. Se pasaba el día postrada en la cama, cuando se levantaba cogía el teléfono y hablaba durante horas, sin importarle con quién hablaba ni a cuánto subiría la factura del teléfono. Por las noches no podía dormir y por las mañanas no podía levantarse. Parecía que no había ninguna actividad capaz de interesarla, sólo podía dormir y hablar por teléfono. Desde luego, ella era consciente de su inactividad, de que necesitaba encontrar un trabajo que la distrajese y que ayudara a la economía familiar, y también era consciente de que tenía bastante abandonado a su hijo, de que su hogar no estaba limpio, etc., pero el darse cuenta de ello sólo ayudaba a que se sintiera todavía más desdichada y culpable, y a que tuviera más deseos de meterse en la cama y *huir.* Paloma había tocado fondo y, aunque era consciente de ello, estaba atrapada en el círculo vicioso de la inactividad y no sabía cómo salir de él.

Pero no sólo la falta de actividad es característica de las personas deprimidas. Lo contrario, es decir, la hiperactividad es el polo opuesto de una alteración emocional. Como veremos más adelante, si el tratamiento de la postergación consiste fundamentalmente en que la persona deprimida retome pequeñas actividades que le ayuden a reincorporarse a la actividad cotidiana de la que ha estado aislada, el tratamiento de la hiperactividad consiste justamente en lo contrario; es decir, en ayudar a la persona a disminuir el número de actividades que lleva a cabo.

Para superar el problema de la inactividad es necesario que la persona esté resuelta a acabar con esta situación. Esto, desde luego, es más fácil de decir que de hacer, pues un rasgo característico de la persona emocionalmente deprimida es la parálisis de su voluntad y la carencia casi absoluta de esperanza. «No puedo hacerlo, y aunque pudiera no valdría la pena.»

Así pues, el primer paso es partir de la voluntad firme de ayudarse a sí mismo. Mi experiencia clínica me ha demostrado que cuando un paciente consigue infundirse el suficiente espíritu de autoayuda, el proceso de la terapia se acelera mostrando rápidos y eficaces resultados.

Supongamos que partimos de la suficiente motivación. ¿Qué pasos vendrían a continuación? En el caso concreto de la postergación, la terapia cognitiva propone enfocar el tratamiento desde el ámbito de la conducta. Recordemos que los grandes principios cognitivistas son los siguientes:

- Los pensamientos determinan el estado de ánimo.
- Los estados de ánimo deprimidos casi siempre son consecuencia de unos pensamientos negativos previos.
- Si cambiamos los pensamientos negativos por otros racionales modificaremos nuestro estado de ánimo.

Por tanto, la propuesta de la terapia cognitiva es vencer los estados de ánimo deprimidos mediante la modificación del pensamiento. Sin embargo, debido a las características particulares de la tendencia a la postergación, la teoría cognitiva invierte los términos y nos invita a solucionar el problema modificando, en primer lugar, la conducta. Es preciso comprender que el estado de ánimo no sólo depende de lo que pensamos. Además, podemos modificar nuestro estado de ánimo cambiando nuestra conducta. Es cierto que cuando nos sentimos deprimidos, hasta la actividad más sencilla parece impracticable pero, a veces, basta con hacer pequeñas actividades para que empecemos a sentirnos mejor.

Unas líneas más arriba, al hablar del círculo vicioso de la inactividad, decíamos que la persona no hacía nada porque no se sentía con fuerzas para ello, y que el postergar actividades, a su vez, le provocaba un desaliento aún mayor. Se trata, en pocas palabras, de romper con la dinámica del círculo vicioso, atacando desde el campo de la actividad.

En este punto, creo que sería positivo aclarar que no hacer nada es objetivamente imposible. Hasta cuando pasamos un día postrados ante el televisor estamos llevando a cabo una actividad (ver la televisión). Lo que ocurre es que a algunas acciones le damos valor de actividad y a otras no. Esto es lo primero que debería tener en cuenta la persona que se vea envuelta en el círculo de la postergación.

Una actitud positiva es no dividir sus actividades en *las que sirven* y *las que no sirven.* Dar valor a todo lo que hacemos, catalogándolo de actividad es una primera buena medida. Por ejemplo, el ama de casa deprimida que dice no hacer nada está desvalorizando las muchas actividades que lleva a cabo a diario como los cuidados de la casa, recoger los niños del colegio, hacer la compra, etc.

Si en lugar de infravalorar las pequeñas actividades cotidianas las valorizamos, con toda seguridad nos sentiremos mejor, y al sentirnos mejor estaremos más motivados para emprender nuevas actividades. Es decir, al aumentar la productividad aumenta la motivación y disminuye la depresión.

Hacer cosas, por pequeñas o insignificantes que parezcan, es la clave para vencer la inactividad, y ello por algo muy sencillo. Si una persona se abandona y deja de desarrollar su actividad cotidiana, es del todo probable que aumenten los pensamientos negativos acerca de sí mismo. Quizá consiga permanecer físicamente inactivo, pero con toda seguridad su cerebro duplicará la producción de pensamientos autodestructivos. La consecuencia de esta hiperactividad cerebral será un agravamiento cada vez mayor de la situación y una disminución de la capacidad para realizar tareas o tomar decisiones. En cambio, una mínima actividad provoca en el individuo el efecto contrario. Puesto que está ocupado, desaloja de su mente los pensamientos denigrantes y, a la vez, adquiere poco a poco mayor confianza en sí mismo y autorrespeto.

1. Los pensamientos se catalogan en dos clases: los positivos o racionales, y los negativos o irracionales. Cuando una persona permanece físicamente inactiva, lo único que puede hacer es pensar. Podemos modificar el pensamiento, pero nunca detenerlo.

2. Cuando la persona permanece físicamente inactiva puede producir pensamientos negativos o positivos. Si piensa cosas desagradables, se activará fisiológicamente. Cuanto más *acostumbrado* esté a pensar en negativo, más rápidamente aparecerán los síntomas de su activación fisiológica. Lógicamente, a los pensamientos negativos le corresponden reacciones fisiológicas negativas, como nerviosismo, rigidez muscular, sudor, temblores, etc.

3. Ante este malestar físico, la persona desarrolla una respuesta motora de inactividad, como encerrarse en casa. De esta manera, vuelve al punto 1, es decir, ratifica lo *desgraciado, inútil y fracasado* que es.

EL PORQUÉ DE NO HACER NADA

El doctor Burns[8] describe los trece rasgos emocionales que aparecen comúnmente en las personas deprimidas que usan tácticas postergatorias. Este tipo de persona:

1. *Siente una continua desesperanza.* La persona deprimida está atrapada en el dolor del presente y es incapaz de mirar hacia atrás para rememorar ocasiones en las que llevaba a cabo diversas actividades que le satisfacían. Igualmente es incapaz de encontrar una esperanza en el futuro ya que piensa que haga lo que haga jamás podrá salir de su situación actual.

8. Ibídem, pp. 95-101.

2. *Se siente impotente.* La persona se explica su estado depresivo a partir de factores externos como la suerte, el destino, la sociedad, la genética, etc. Consecuentemente, al no hacerse directamente responsable de su situación no cree que ella pueda ni deba hacer nada para dar un viraje a su vida y reconducirla hacia un camino más positivo.

3. *Se siente agobiada.* La persona se obsesiona con pensamientos irracionales tan intensos que la absorben y paralizan, no dejándola hacer nada. Es cuando la persona, en lugar de hacer una tarea pausada pero constante, se agobia pensando en todo lo que todavía le queda por hacer; o cuando la más mínima tarea le parece un trabajo titánico. En resumen, la sensación de agobio y opresión es tan grande que el individuo no puede racionalizar una serie de pasos que, poco a poco, le conducirían a su objetivo.

4. *Se precipita en sus conclusiones.* La persona visualiza anticipadamente las consecuencias de una acción o tarea determinada y concluye —sin comprobarlo realmente— que es incapaz de llevarla a cabo. «No puedo esquiar. Nunca lo he hecho y estoy seguro de que lo haría mal.» «Yo iría a la fiesta, pero la verdad es que ya sé que lo voy a pasar fatal.»

5. *Se autoetiqueta.* La persona asume su conducta de postergación o indecisión presente como un rasgo de su personalidad, de esta manera evita el riesgo de hacer cosas y fracasar pero paralelamente mina su autoestima. Por ejemplo, el individuo que posterga un buen número de compromisos sociales y, al final, acaba calificándose a sí mismo como un ser antisocial.

6. *Subvalora las recompensas.* La persona pierde su capacidad de apreciar las recompensas, es decir, de experimentar satisfacción. Este rasgo, generalmente está

relacionado con la descalificación de lo positivo. Esto lleva a que la persona pierda interés por hacer cosas porque piensa que o bien no lo hará bien, o lo suficientemente bien, o no tan bien como en potencia podría haberlo hecho. El resultado es una pérdida de interés por realizar actividades porque el esfuerzo siempre es superior a la recompensa.

7. *Es perfeccionista.* La persona, ante la perspectiva de llevar a cabo cualquier actividad, toma como ejemplo un modelo superlativo. Paradójicamente, la presión de tener que hacer las cosas perfectas, lejos de conducir a la persona a una mejor realización de la tarea, lo paraliza y conduce a la inactividad. Según este tipo de persona, sólo podemos hacer aquello que somos capaces de hacer a la perfección. Pero como a la postre la perfección no existe, y puesto que en última instancia todo es mejorable, esta persona acaba por no hacer nada.

8. *Teme al fracaso.* La persona parte de un pensamiento perfeccionista según el cual todo lo que hace debe ser perfecto. Puesto que el no conseguirlo sería una auténtica derrota personal, ni siquiera se digna intentarlo.

La generalización y valoración excesiva de los resultados son dos distorsiones características de este punto. El individuo, según el criterio de la generalización excesiva, interpreta un fracaso parcial como total. Es decir, piensa que si algo no le sale del todo bien, el resto de actividades que realice quedarán marcadas por este fracaso. Por otro lado, la persona que valora los resultados más que el proceso en sí o el esfuerzo empleado no consigue extraer placer de sus actividades porque siempre que sus expectativas no se cumplan, pensará que ha fracasado.

9. *Teme al éxito.* La persona piensa que cualquier éxito que tenga se debe a causas externas como la suerte y no a méritos propios, de ahí que tenga miedo a llevar a cabo tareas que pudieran conducirle al éxito, porque tarde o temprano acabaría descubriéndose *la trampa,* su auténtica personalidad mediocre, sus escasos recursos. Prefiere mantenerse en un punto muerto en el que la ventaja más evidente es la ausencia de riesgos y de compromiso.

El temor al éxito es muy habitual en las personas con pocas habilidades sociales. Cuando un individuo de estas características entabla una relación social exitosa, lejos de sentirse contento de ello, se siente aterrorizado, porque piensa que tarde o temprano acabará defraudando a la otra persona. Otro caso sería el de la persona con problemas sexuales que rechaza cualquier contacto con el sexo opuesto, porque ello le obligaría tarde o temprano a llevar a cabo una relación sexual. Puesto que teme fracasar sexualmente, evita cualquier relación que pudiera llevar implícita la posibilidad de un contacto sexual.

10. *Teme la desaprobación o la crítica.* La persona toma una actitud totalmente pasiva porque teme que si fracasa la gente le desaprobará y criticará.

11. *Se siente coercionado y resentido.* La persona intenta motivarse con expresiones «debería», pero lejos de conseguir su objetivo se siente presionado, culpable y frustrado. A la larga, la coerción que se autoimpone a sí mismo es tan férrea que no le quedan fuerzas para desarrollar ninguna actividad.

12. *Posee una baja tolerancia a la frustración.* La persona siente que tiene unos derechos adquiridos y se frustra cuando las cosas se ponen difíciles, en consecuencia acaba frustrándose y quizá abandonando cual-

quier intento de actividad. El problema radica, por regla general, en unas expectativas excesivamente ambiciosas, y cuando la realidad no se ajusta a las expectativas previas surge la frustración.

13. *Se culpa a sí mismo y a los demás.* La persona se paraliza porque piensa que ha fallado y esto le conduce a una quiebra en su motivación. Cuando son los demás quienes *le fallan* se siente decepcionado y sin motivación.

CÓMO ACABAR CON LA INACTIVIDAD

A continuación describimos diferentes técnicas que pueden ayudarle a superar su tendencia a no hacer nada. Sugerimos que lea atentamente cada uno de estos métodos antes de decidirse por uno de ellos. Reflexione sobre cuál es más adecuado a sus circunstancias personales. Si usted es constante en los ejercicios indicados, en un par de semanas empezará a notar los primeros resultados.

1. Establezca un horario

Cada mañana al levantarse, o si lo prefiere por la noche antes de ir a dormir, escriba en una cuartilla dividida en dos columnas un plan horario para ese día. En la columna de la izquierda anote, hora por hora, todas las actividades que desea realizar ese día. No olvide, sin embargo, que no existen actividades más valiosas que otras, es decir, que cepillarse los dientes por ejemplo es una actividad tan importante como ir a la oficina, sobre todo si tenemos en cuenta que usted está deprimido y cualquier actividad puede fatigarle. Construir este horario no debe robarle demasiado tiempo, en cinco o diez minutos debe estar realizado.

Cuando haya finalizado el día, tome el horario y compruebe si ha cumplido los objetivos previstos. Si ha realizado alguna actividad que no había proyectado, apúntela también. En la columna de la derecha debe valorar dos cosas: en primer lugar si ha realizado la actividad planificada, y, en segundo lugar, debe catalogar dicha actividad. Esto último consiste en que defina con un signo positivo (+) aquellas actividades con las que ha disfrutado y, con otro negativo (-) aquellas otras que ha realizado porque formaban parte de sus obligaciones pero que en realidad no le gustan demasiado. A continuación, tome las actividades señaladas con un + y valore el grado de satisfacción que le han producido a partir de una escala del 1 al 5. Un 1 significa que la actividad le ha gustado poco. Un 2 corresponde a *normal,* 3 a *bastante,* 4 a *mucho,* y 5 a *muchísimo.*

Quizá usted se esté preguntando por qué es tan importante valorar el grado de satisfacción. Por varias razones:

- En primer lugar, porque de esta manera aprenderá a distinguir las actividades gratificantes de las no gratificantes.
- En segundo lugar, porque es habitual entre las personas deprimidas la creencia de que no vale la pena hacer nada ya que nada les satisface. Gracias a la valoración diaria de las actividades gratificantes, usted comprobará que sí existen actividades capaces de gratificarle.
- En tercer lugar, porque un horario bien construido es aquel que contempla por igual las actividades de

placer como las de trabajo. Si usted ha estado durante meses postergando actividades, es probable que ahora quiera recuperar el tiempo perdido imponiéndose demasiadas obligaciones. Cuando se dispone a construir el horario sólo se le ocurren actividades de trabajo. Para combatir esta tendencia contraproducente, puede acudir a horarios de días anteriores y volver a programar aquellas actividades que en su día fueron catalogadas por usted como muy satisfactorias.

La técnica del horario es efectiva porque además de ser muy sencilla, ayuda a destruir todos los pensamientos irracionales que le conduzcan a la inactividad. Usted comprueba día tras día que es capaz de realizar diferentes actividades, por tanto no es el haragán que pensaba que era. Además, poco a poco, va adquiriendo confianza en sí mismo y va dejando de pensar que no valía la pena que hiciera nada porque no había esperanza para usted.

A continuación reproduzco uno de los horarios que elaboró uno de mis pacientes. Se trata de la hoja de un joven que sufría un trastorno depresivo. Hacía un tiempo que se había encontrado con serias dificultades para sacar sus estudios adelante, y ello le había conducido a abandonarlos. Cuando llegó a mi consulta, se pasaba el día tumbado en la cama y había dejado incluso de frecuentar a sus amigos. A partir de esta tabla-modelo establezca usted su propio horario.

15-3-1994 HORA	HOY HARÉ	HOY HE HECHO
9-10	Ducha y desayuno	(-)
10-11	Pasear al perro	(+) 4
11-12	Comprar el periódico y leerlo	No lo he hecho. He estado tumbado en el sofá. (-)
12-13	Almorzar y fregar platos	(-)
13-14	Ver televisión	(-)
14-18	Ayudar a mi tío en el taller	(+) 3
18-20	Tomar unas copas con mis amigos	(+) 2
20-21	Cenar y fregar platos	(-)
21-21.30	Pasear al perro por el barrio	(+) 2
21.30-24	Repasar apuntes	Sólo lo he hecho media hora. (-)

2. Haga aquello que más teme hacer

En algunas ocasiones la postergación no es general sino parcial. Es decir, la persona realiza al cabo del día diferentes actividades con total normalidad, pero elude otras porque cree que no va a poder realizarlas bien. En lugar de adoptar la actitud más coherente como sería dividir la tarea en pequeños pasos, se deja invadir por la inseguridad y acaba postergándola siempre *para mañana.*

Detrás del problema de la postergación se esconde una predicción anticipada y no contrastada con la experiencia tanto de la dificultad que implica dicha actividad como de la satisfacción que provocaría su realización. Un método muy sencillo para abandonar la tendencia a retrasar determinadas tareas es el siguiente:

- En primer lugar, se trata de dividir la actividad en pequeños pasos, de menor a mayor dificultad.
- En segundo lugar, se pronostica qué tanto por ciento de dificultad comporta llevar a cabo la tarea.
- En tercer lugar, se pronostica qué tanto por ciento de satisfacción va a obtener si lleva a cabo la tarea.
- En cuarto lugar, debe poner en práctica paso a paso la actividad, y valorar la dificultad y satisfacción reales que ha obtenido con la realización de dicha tarea.

Si lleva a cabo estos cuatro pasos, comprobará que en la mayoría de las ocasiones, la tarea que llevaba tiempo retrasando no era tan difícil como imaginaba, y que llevarla a cabo le produce una satisfacción bastante superior a lo que suponía. El resultado de esta comprobación es obvio: muchas veces el temor a ciertas actividades es infundado.

Un joven escritor recibe una invitación para participar como prologuista de la obra de otro joven escritor. Durante semanas, posterga la redacción del prólogo y se arrepiente de haber aceptado la propuesta, ya que duda de que realmente esté preparado para realizar un trabajo intelectual de este tipo. Cuando faltaba una semana para que finalizara el plazo de entrega, decidió enfrentarse por fin al problema elaborando la siguiente tabla:

ACTIVIDAD	DIFICULTAD (0-10)	SATISFACCIÓN (0-10)	DIFICULTAD REAL (0-10)	SATISFACCIÓN REAL (0-10)
1. Leer el manuscrito.	5	5	2	7
2. Releer el manuscrito y tomar notas.	9	3	5	5
3. Esquema de las ideas principales.	10	4	6	8
4. Primera redacción.	10	4	7	8
5. Redacción definitiva.	10	4	6	9

Si usted pertenece al grupo de personas que eluden siempre determinadas tareas, realice una tabla como la anterior. Se sorprenderá de lo erróneos que son sus temores a enfrentarse a determinadas actividades.

3. Invalidar los pensamientos negativos

Para muchas personas el problema de la postergación radica en que creen que antes de hacer cualquier actividad, deben estar muy motivadas para ello. Sin embargo, esto es un error ya que, por regla general, cuantas más actividades llevamos a cabo, más interés sentimos hacia ellas y más deseos tenemos de volverlas a realizar. Es así de simple, cuantas menos cosas hacemos menos ganas tenemos de hacer nada.

Un método que puede estimularnos a la acción es llevar a cabo un registro de aquellos pensamientos automáticos que nos vienen a la cabeza cuando no sentimos deseos de hacer nada. Este tipo de registro se lleva a cabo cada día durante un par de semanas hasta que el paciente comprende que su estado de ánimo apático viene motivado por los pensamientos irracionales que se dice a sí mismo. Puesto que mediante este ejercicio aprende a detectar los pensamientos distorsionados y a cambiarlos por respuestas operativas y racionales, en muy poco tiempo la actividad de la persona se incrementa. Veamos un ejemplo.

Gabriel es un hombre soltero que vive solo en un apartamento. Para él los fines de semana son muy deprimentes, los pasa solo en casa, viendo películas en el vídeo o bien durmiendo. El siguiente registro lo confeccionó Gabriel.

¿QUÉ HICE?	¿QUÉ SENTÍ?	¿QUÉ PENSÉ?	REFUTACIÓN	CÓMO ME SIENTO AHORA
El sábado y el domingo los pasé en casa solo, sin asearme, todo el día en pijama, deambulando de la cama al sofá y sin hacer nada que realmente me gustara.	Tristeza, desesperanza, hostilidad hacia mí mismo, soledad y apatía.	Estoy muy cansado.	Estoy cansado de estar cansado. Cuanto menos hago, menos ganas tengo de hacer cosas.	Más animado. Aunque sé que no voy a desprenderme de mi timidez en un momento, decido ducharme y salir a tomar una copa a un bar musical.
		Aunque quisiera, no podría salir de fiesta.	Ahora mismo podría ducharme y salir a tomar una copa.	
		Mientras yo me estoy aburriendo sé que otros se están divirtiendo.	Si ellos se divierten es porque han tomado la decisión de divertirse. Yo también puedo tomar esa decisión y salir a pasarlo bien.	
		Soy un fracasado.	Hay algunas facetas de mi vida que realmente me satisfacen, así que no puedo ser un fracasado.	
		Me desespera pensar que mi futuro continuará siendo como ahora, pero sé que así será.	Mi futuro será de una manera o de otra dependiendo de las decisiones que tome. Si sigo quedándome los fines de semana en casa, todo continuará tal y como ahora, pero si decido salir, todo puede cambiar.	
		Soy un inadaptado.	Tengo problemas para establecer relaciones afectivas con las mujeres, mi carácter es tímido, pero no soy un inadaptado, porque tanto en el trabajo como en mi relación con los conocidos soy agradable.	
		Tendré que resignarme a mi suerte. Haga lo que haga nada me va a salir bien.	Yo no tengo que resignarme a nada, sino intentar dar pequeños pasos para que mi vida sea cada día más gratificante.	

4. Lo haría, pero es que...

«Iría un rato a la piscina, pero me parece que voy a quedarme a ver la televisión.» «Tendría que cuidar más mi dieta, pero soy demasiado goloso.» «Estudiaría cada día un par de horas, pero cuando llego a casa estoy demasiado cansado.» En muchísimas ocasiones, utilizamos frases como éstas para excusarnos de hacer algunas actividades. Cuando sea consciente de que está eludiendo algún buen propósito mediante la utilización del *pero,* puede refutarlo con la siguiente técnica: en una hoja dividida en dos columnas escriba en la parte izquierda los pensamientos *pero* que se dice a usted mismo, y a continuación, refútelos con argumentos racionales en la columna derecha de la hoja, hasta que agote todas las excusas que sea capaz de imaginar. Este ejercicio le ayudará a comprender hasta qué punto nos ponemos excusas para evitar llevar a cabo algunas actividades. Veamos un ejemplo.

Debería dejar de fumar, pero no tengo fuerza de voluntad.	Sí que tengo fuerza de voluntad, en más de una ocasión he hecho cosas más difíciles que dejar el tabaco.
Pero si dejo de fumar me pondré muy nervioso.	Puedo utilizar algún método de apoyo como el chiclé de nicotina.
Pero me gusta tanto fumar un cigarro después de cada comida.	Mi dependencia es tan grande que no fumo un par de cigarros al día sino un par de paquetes, y eso ya no me gusta tanto.
Pero es que no podré lograr dejar de fumar.	Si lo intento podré fracasar, pero si no lo intento jamás podré lograrlo.
Pero es que es tan difícil.	No tengo por qué dejarlo de golpe ni solo. Puedo solicitar la ayuda de un psicólogo, al fin y al cabo es una drogodependencia.

HAY MUCHAS COSAS QUE PUEDE HACER

Si usted ha llegado a un grado de apatía muy acentuado, es posible que no pueda imaginar una actividad capaz de motivarle o satisfacerle. Como todo lo ve negro, cualquier actividad le parece aburrida e insignificante. Esto es una consecuencia de su estado depresivo, pero si se anima a llevar a cabo pequeñas actividades, verá como muy pronto su estado emocional empezará a mejorar, y volverá a apreciar muchos pequeños regalos de la vida. En el gráfico siguiente reproduzco un cuadro que entrego a mis pacientes con tendencia a la postergación. Con él pretendemos conseguir los siguientes objetivos:

1. Mostrarle que existen muchísimas actividades agradables que puede hacer.
2. Demostrarle que hay actividades cotidianas a las que muchas veces no les damos importancia, y que sin embargo son muy gratificantes. Por eso, en este cuadro, aparecen mezcladas tanto actividades consideradas de ocio como otras de carácter más rutinario.
3. Demostrarle que existen actividades agradables individuales y colectivas. Si su problema es que se encuentra solo, puede empezar escogiendo las actividades que no requieran el concierto de otras personas.
4. Por último, darle un montón de ideas con las que divertirse. Siempre que no se le ocurra nada agradable que hacer, vuelva a este cuadro y elija alguna actividad que le parezca estimulante. ¡Seguro que la encontrará!

Ver la televisión.	Hablar con franqueza.
Asistir a una conferencia.	Participar en reuniones de negocios.
Jugar a las cartas.	Cultivar un huerto.
Criticar a alguien.	Jardinería.
Hablar con alguien.	Ver documentales por televisión.
Ir de compras.	Organizar reuniones.
Ir a un concierto.	Ir al gimnasio.
Asistir a una competición deportiva.	Acudir a una fiesta.
Ir de camping.	Escalar montañas.
Jugar al billar.	Mecánica.
Ir de paseo por la ciudad.	Afeitarse.
Esquiar.	Rendir exámenes cuando se esta bien preparado.
Cantar solo.	Decoración.
Representar un papel en una obra de teatro.	Coser.
Hacer un regalo.	Estar con mis hijos.
Bailar.	Ganar un premio.
Beber solo.	Sonreír amablemente a la gente.
Jugar al baloncesto.	Viajar.
Ir a un restaurante.	Mirar las estrellas.
Visitar a los amigos.	Pasear al perro.
Asistir a una reunión familiar.	Cocinar.
Jugar al fútbol.	Rezar.
Leer cómics o libros de humor.	Estar relajado.
Fumar.	Invitar a los amigos a cenar.
Ir a las carreras de coches, caballos, perros, etc.	Escribir una carta.
Hacer crucigramas.	Hacer fotos.
Preparar comidas rápidas.	Ser el más popular en una fiesta.
Trabajar.	Viajar en avión.
Cepillarse el pelo.	Dormir la siesta.
Hablar de deportes.	Ir en bicicleta.
Hacer un nuevo amigo.	Reír.
Leer un libro, un periódico o una revista.	Conducir un coche o una moto.
Respirar aire puro.	Hacer bricolaje
Restaurar antigüedades.	Participar en una campaña política.
Acabar un trabajo difícil.	Jugar al golf.

Leer literatura.	Jugar al aire libre.
Ir a un bar.	Expresar amor a alguien.
Estar con los amigos.	Tomar café con los amigos.
Cantar en grupo.	Recibir una felicitación.
Pasear en un coche de lujo.	Escuchar música.
Jugar al ajedrez.	Viajar con un grupo de gente muy divertida.
Ayudar a personas con problemas.	Pedir ayuda o consejo.
Jugar al tenis.	Comprar flores.
Participar en una competición deportiva.	Sentirse en paz.
Coleccionismo.	Pensar en los demás.
Ayudar espontáneamente a un desconocido.	Hacer motocross.
Meditar.	Participar en un grupo de desarrollo personal.
Ir al teatro.	Ir a una librería.
Reencontrarse con viejos amigos.	Practicar deportes acuáticos.
Ir al cine.	Mirar a hombres o mujeres que nos gusten.
Tener detalles con la gente.	Practicar deportes de alto riesgo.
Asistir a las reuniones de alguna Asociación.	Estar a solas con la pareja.
Administrar el dinero.	Hablar de nuestro tema favorito.
Ir al zoológico.	Ligar.
Jugar a los bolos.	Navegar.
Recibir o dar un masaje.	Ir al campo.
Escribir poesía, novela, teatro, etc.	Soñar despierto.
Plantar un árbol.	Asistir a una boda, comunión o bautizo.
Tocar un instrumento musical.	Ducharse.
Preparar conservas.	Darse un baño de agua caliente.
Rascarse.	Acicalarse.
Hacer vacaciones.	Vestir con ropa cómoda.
Proponer un brindis.	Tomar el sol.
Llevar un traje nuevo.	Escuchar la radio.
Dormir bien.	Observar la naturaleza.
Jugar al ping-pong.	Enseñar algo a alguien.
Recibir un homenaje.	Aprender.
Hablar de los viejos tiempos.	Sentarse y pensar.
Practicar juegos de mesa.	Beber con los amigos.
Recibir dinero.	Hacer apuestas.

Vestir con elegancia.	Escuchar los sonidos de la naturaleza.
Estar desnudo.	Conversar animadamente.
Componer música.	Celebrar las cosas buenas que le ocurren a la familia.
Hacer proyectos para el futuro.	Poder disfrutar de los nietos.
Preparar comidas especiales.	Ir a misa.
Practicar un idioma extranjero.	Almorzar con los amigos.
Solucionar un problema personal.	Conducir distancias largas.
Ir al parque.	Ir a un guateque.
Organizar un picnic.	Perder peso.
Comprar regalos para la familia.	Diseñar.
Leer literatura especializada.	Dedicarse tiempo a uno mismo.
Comer un helado.	Hacer yoga.
Ir a un balneario.	Escribir un diario.
Dar una conferencia.	Cortar el césped.
Hacer una buena compra.	Recibir un halago.
Invertir dinero.	Levantarse pronto por las mañanas.
Ir a la ópera.	Pasear.
Ir al circo con los niños.	Narrar cuentos a los niños.
Contribuir a causas religiosas, sociales o políticas.	Hablar de otras personas.
Tener cuidado de las plantas domésticas.	Ir a la peluquería.
Recordar a un amigo.	Participar activamente en una buena causa.
Salir de noche.	Recibir un *Te quiero.*
Ser voluntario en algún servicio social.	Sentirse orgulloso de la familia.
Hablar del trabajo o de los estudios.	Oír un buen discurso.
Planificar el tiempo.	Pedir algo prestado.
Llorar.	Ser invitado a casa de otros.
Ir a la playa.	Planificar las vacaciones.
Ponerse perfume.	Pintar, esculpir, dibujar, etc.
Hacer trabajo duro al aire libre.	Trabajar sin un horario fijo.
Ir en moto.	Tener libres los fines de semana.

VI

IRA Y AUTOCONTROL

Algunas personas se enfadan más fácilmente que otras. Sin embargo, el grado de irritabilidad no está generalmente relacionado con el acontecimiento desencadenante. Es decir, no se trata de que a la persona que se enfada más le sucedan cosas más desagradables y en mayor número que a la que se enfada menos. Dos personas distintas, ante un mismo acontecimiento, pueden reaccionar de manera opuesta. Por ejemplo, ante un atasco automovilístico vemos que hay personas que reaccionan con paciencia y aprovechan para escuchar la radio, charlar con el compañero de viaje o leer el periódico, mientras que otras personas montan en cólera. La irritabilidad es, por tanto, un estado más que una consecuencia.

Es innegable que la vida cotidiana está salpicada de pequeños acontecimientos más o menos molestos. A botepronto se me ocurren unas cuantas situaciones capaces de molestarme:

- Los atascos en la ciudad cuando me dispongo a recoger mis hijos del colegio.
- Interferencias en el teléfono justo cuando estoy en medio de una conversación importante.
- Una broma de mal gusto referente a los psicólogos.
- Un error en las transacciones bancarias.
- El retraso de un avión que me impide llegar puntual a una conferencia.
- Camino por la calle en un día lluvioso y un coche que pasa por mi lado me salpica el traje.
- Un paciente no sigue mis indicaciones y me acusa de que el tratamiento que le he propuesto es inoperante.
- Una vez más, el encargo a la imprenta se retrasa.
- El pintor pretende no respetar el presupuesto que habíamos acordado.
- Presto un libro y no me lo devuelven.
- La insistencia de un vendedor ambulante a que compre sus productos aunque desde el primer momento le he advertido de que no lo haría.

Estos acontecimientos y otros similares no pueden considerarse realmente graves, motivo justificado de un ataque de ira. Sin embargo, la mayoría de las veces que nos enfadamos lo hacemos por causas tan insignificantes como éstas.

Diferenciamos entre varias categorías de enfado: poco, moderadamente, bastante o muy enfadado. Las personas que pertenecen a esta última categoría se caracterizan por la frecuencia de sus estados de ira, así como por la gran intensidad de los mismos. Dicho de una manera sencilla, cualquier nimiedad es causa suficiente para que entren en un estado de enfado fuerte. Pierden el control, llegando a provocar situaciones aparatosas, desbordadas y hasta absurdas. Además, suelen tener muy *buena memoria* y tienden a volver machaconamente sobre la causa de su enfado, incluso cuando ya todo ha pasado. La capacidad de estas personas de absorber y desplegar ira les acarrea diversas consecuencias: a nivel personal, su salud se resiente. Sus frecuentes estados de ira les causan intensos dolores de cabeza, hipertensión, etc. A nivel social, sus relaciones interpersonales también se resienten. Es fácil que acaben teniendo fama de temibles.

Lógicamente, las otras categorías de enfado, como son poco, moderadamente y bastante enfadado, determinan modalidades más manejables de irritabilidad. Es preciso decir que, en realidad, son pocas las personas que pueden encuadrarse en la descripción de persona altamente irritable. Afortunadamente, lo común son los enfados moderados.

Tradicionalmente, desde la psicología se han considerado dos grandes formas de manifestar la irritación. Se pensaba que había quienes la interiorizaban y quienes la exteriorizaban. En el primer caso, se encuentran aquellas personas que no demuestran su enfado y se lo guardan para sí mismas. Esta forma se consideraba enfermiza, puesto que no es sino una forma de represión que puede desembocar en depresiones. En el otro extremo, encontramos a aquellas personas que *no se callan una*. Ésta era la postura considerada como sana. En lugar de reprimirse y acumular frustración, exteriorizan abiertamente su enojo. Claro que esta última opción tampoco es la más adecuada. Sería socialmente inadecuado andar por la vida manifestando en todo momento nuestro enojo. Es innecesario poner ejemplos respecto a esto. Quien más quien menos ha sufrido alguna vez la pesadilla de estar con alguien que se pasa el día quejándose y refunfuñando.

Usted se preguntará: «Si interiorizar mi enfado me puede provocar una depresión y exteriorizarlo un deterioro de mis relaciones sociales, ¿qué puedo hacer?» La teoría cognitiva apunta a una tercera vía, la de no generar enfado.

¿POR QUÉ ME ENFADO?

Cuando nos enfadamos, la culpa es siempre de los demás. «¿A quién se le ocurre hacer una fiesta a estas horas?» «Es un desconsiderado, siempre me hace esperar.» «Los responsables de la televisión son unos incompetentes, ¿a quién se le ocurre proyectar semejante película a estas horas de la noche?» «Los dueños de los perros deberían ser más considerados, ¡da asco andar por la calle!» Sea como sea, la culpa de nuestra irritación siempre la tienen los demás. Pero, ¿es esto realmente así? Apuesto a que ya conoce la respuesta. Nadie ni nada ajeno a usted mismo puede causarle irritación, a menos que usted lo permita.

Mírelo desde este punto de vista, la irritación, al igual que la alegría o la tristeza, son emociones, y una emoción es siempre la consecuencia de una cognición. Por tanto, cada vez que usted se enfada, antes ha *pensado* ese enfado. Veamos un ejemplo. Una dependienta de una boutique está a punto de cerrar la tienda cuando aparece una cliente. La dependienta está cansada y tiene ganas de irse a su casa. Piensa: «Siempre igual, en el último minuto aparece la cliente rezagada. Seguro que va a estar media hora husmeándolo todo y al final no va a comprar nada. Ya me conozco yo a las pesadas de última hora.» O bien puede pensar: «¡Vaya!, hoy es un buen día. Hasta el último minuto ha habido clientes.

¡Ojalá todos los días fueran igual!» En este ejemplo hemos visto dos formas diametralmente opuestas de reaccionar ante una misma situación, a la vez que queda demostrado que la respuesta emocional, positiva o negativa, no está directamente relacionada con el acontecimiento externo, sino con la interpretación que el individuo hace sobre dicho acontecimiento.

¿CONVIENE O NO CONVIENE ENFADARSE?

La mayoría de las veces, cuando les propongo a mis pacientes que dejen de generar irritación, paradójicamente lo primero que hacen es enfadarse conmigo: «¿Me está proponiendo que agache la cabeza ante las injusticias del mundo? ¡No me lo puedo creer! ¡Usted, doctor, quiere que anule mi personalidad! ¡Ah, no!»

Por supuesto yo no les estoy proponiendo que se dejen humillar ni que agachen servilmente la cabeza cuando alguien les ataque injustamente. No se trata de eso. Más bien se trata de que comprendan que no siempre enfadarse es la opción más inteligente. Si cada uno de nosotros hiciéramos un recuento de las veces que nos enfadamos a lo largo de un día, una semana o un mes, y *a posteriori* consideráramos la situación que desencadenó el enfado, con bastante probabilidad veríamos que en la mayoría de las ocasiones nuestro enfado fue gratuito.

Enfadarse casi nunca es una buena estrategia por varias razones:

- Las manifestaciones de enfado invitan más al enfrentamiento que al diálogo.
- El enfado no ayuda a solucionar las circunstancias que han provocado nuestra ira.

• Las consecuencias de los estallidos de ira no son recomendables porque acaban volviéndose en contra de quien los emite.

LAS CAUSAS OCULTAS DEL ENFADO

Nada ni nadie es capaz de provocarnos un enfado, a menos que nosotros estemos dispuestos a enfadarnos. Como hemos repetido varias veces en este libro, no son los acontecimientos sino las interpretaciones que hacemos de ellos las que nos provocan nuestros sentimientos. En el caso de la ira ocurre exactamente lo mismo.

Muchas veces, nuestra irritabilidad no viene provocada por hechos verdaderamente negativos sino por nuestros pensamientos irracionales. Si aprendemos a identificar los pensamientos irracionales que se esconden detrás de nuestros ataques de ira, y los reemplazamos por otros pensamientos racionales, nos ahorraremos un número sorprendente de enfados. Las distorsiones cognitivas que aparecen con mayor frecuencia en los ataques de irritabilidad son la etiquetación, la lectura del pensamiento, la magnificación, y las enunciaciones «debería».

La adicción a la justicia es otro de los causantes de los ataques de ira. Cuando pensamos que están siendo injustos con nosotros, normalmente nos sentimos tan heridos que perdemos el control.

Por último, solemos enfadarnos cuando nuestras expectativas no se cumplen. El problema de fondo, sin embargo, suele estar en que éstas son poco realistas.

CÓMO ACABAR CON LA IRA

Aunque generalmente la ira es más improductiva que productiva, no cabe duda de que en algunas ocasiones es una medida de fuerza necesaria. Sin embargo, lo que nos interesa en este punto no es tanto si conviene o no enfadarse, sino preguntarnos dónde están los límites aceptables del enfado. ¿Cómo podemos saberlo? Contamos con dos patrones para saber si nuestro enfado va a resultar productivo o se va a volver en nuestra contra.

1. Pregúntese si su enfado está dirigido contra una persona que le ha ofendido intencionadamente.

2. Pregúntese si es necesario su enfado. Si con él va a conseguir solventar una situación que le frustra.

Además de estos dos criterios básicos, la teoría cognitiva le propone otros métodos que le ayudarán a combatir satisfactoriamente los ataques de ira.

1. Eliminar el deseo de venganza

Con el método de la segunda columna que ya conoce usted apunte las ventajas y desventajas de estar enfadado y querer vengarse. Se trata de que analice los beneficios que supuestamente le aportaría la venganza y compararlos con los costes a corto y largo plazo que ésta le puede acarrear. Con esta sencilla técnica usted conseguirá aplacar el exceso de ira y saber si su deseo de venganza es conveniente para usted o no.

2. Aplacar la visceralidad

Cuando estamos enfadados, nuestra cabeza se convierte en un torbellino de ideas violentas y desmesuradas. Parecen, sin embargo, tan convincentes que en esos momentos no somos realmente conscientes de que estamos exagerando y sacando las cosas de quicio. Un método para ser consciente de la alteración que sufrimos cuando estamos bajo los efectos de la ira es escribir estos pensamientos, tal cual surgen, en un papel. Pasados unos minutos, repetiremos la operación cuando el enfado ya se haya enfriado. Comparando los pensamientos acalorados de una columna con los más templados de la otra, tomaremos consciencia de lo desmesurados que son nuestros pensamientos cuando estamos bajo los efectos de un ataque de ira.

3. Responsabilícese de su parte de culpa

A veces es preciso preguntarse qué parte de responsabilidad tenemos en los conflictos. Una actitud poco dialogante, unas expectativas poco realistas, un exceso de rigurosidad, etc, pueden contribuir a que nuestras relaciones con los demás se conviertan en una tarea difícil. Es decir, en muchas ocasiones somos nosotros mismos los que llamamos al mal tiempo, y por tanto, es bueno reconsiderar si acaso un cambio de conducta por nuestra parte no sería el paso más eficaz para acabar con los conflictos.

TRES BUENAS RAZONES PARA NO ENTRAR EN UN ESTADO DE CÓLERA

• Si aceptamos que no son los acontecimientos los que nos provocan el sentimiento de enfado sino la interpretación que hacemos de ellos, tendremos control sobre nuestro enfado porque podremos decidir qué interpretación hacemos sobre lo que nos ocurre.

• Mantener la cabeza fría nos permite buscar vías de solución a aquellas circunstancias que nos molestan y podrían desencadenar nuestro enfado.

• Cuando nos liberamos de la ira nos quitamos un gran peso de encima y el exterior deja de ejercer influencia sobre nuestros sentimientos negativos.

TERCERA PARTE

VII

LAS CREENCIAS CONTRAPRODUCENTES

Es probable que a estas alturas del libro, si ha seguido metódicamente las pautas que aquí se plantean, usted esté experimentando un profundo resurgir de sí mismo. Por lo pronto advierte un gran alivio, como si se hubiera quitado un gran peso de encima. Los pensamientos distorsionados que antes le impedían saborear la vida, están ahora bajo su control y, por tanto, su calidad de vida ha mejorado ostensiblemente. Las *cosas* empiezan a irle mejor y, aún más importante, usted sabe que cada día de su vida va a ofrecerle un nuevo motivo para sentirse feliz de estar vivo. Esto le hace estar dichoso y optimista, algunas personas dicen sentirse gratamente sorprendidas, como si estuvieran viendo el mundo por primera vez. Si se encuentra en este punto, ha andado la parte más dura del camino.

La segunda parte, la que le conducirá a la meta, comienza ahora. Ha llegado la hora de los porqués. Ya sabe que sus estados de ánimo depresivos venían motivados por sus pensamientos distorsionados, pero ¿por qué razón tenía pensamientos distorsionados?

Usted tenía un estilo cognitivo distorsionado porque su sistema de valores, su filosofía de vida y su propia autoestima estaban fundamentados sobre creencias contraproducentes. Piense que el pensamiento no es puro, no es algo que surja de la nada, sino que toma cuerpo a partir de la confluencia de todos estos factores.

Las principales creencias contraproducentes que conducen a un estilo cognitivo distorsionado, causante a la vez de los estados de ánimo autodestructivos son: la adicción a la aprobación, al amor, al trabajo, al perfeccionismo, a la justicia y al destino.

Este conjunto de creencias contraproducentes son el marco teórico subterráneo a partir del cual el sujeto confecciona su autovalía. Son contraproducentes porque, como veremos, es ilógico hacer depender nuestra autoestima y nuestra confianza en nosotros mismos de, por ejemplo, la aprobación de los demás, o del éxito profesional.

Todas las creencias contraproducentes aluden a agentes externos al individuo. Éste es también el principal argumento que podemos esgrimir en su contra. Su enorme poder destructor radica precisamente en este punto, puesto que la persona que desplaza su valor personal fuera de sí mismo se convierte en un ser vulnerable en extremo, sujeto a constantes cambios de estado de ánimo, en una *marioneta* cuya estabilidad emocional depende de los demás.

La ruta hacia la plena estabilidad emocional pasa indefectiblemente por hacer un repaso crítico a las creencias contraproducentes. Hasta ahora, usted ha aprendido a identificar los pensamientos distorsionados y a reemplazarlos por otros racionales. Hacerlo le ha hecho sentirse mejor. Si su situación personal anterior era grave, el bienestar que ahora siente seguramente le parecerá el colmo de la dicha. Cuanto peor fuese la calidad de vida previa a la autoterapia mayor será su sensación de plenitud. Sin embargo, es necesario profundizar aún más. En algún capítulo anterior hacíamos un símil entre el ser humano y una casa, pues bien al cuestionar críticamente las creencias contraproducentes hacemos una inspección rigurosa y necesaria de los cimientos de la *casa* de cada cual. Si, como decíamos unas líneas más arriba, su trabajo hasta ahora ha consistido en identificar los pensamientos irracionales y reemplazarlos por otros racionales, ahora se trata de que identifique sus creencias contraproducentes y las reemplace por otras operativas. Una vez superado el *qué* hay que llegar al *por qué,* porque sólo así asegura que el bienestar que siente ahora va a convertirse en un estado estable. Siguiendo con la metáfora de la casa: podemos pintar las paredes de colores alegres, poner geranios en los balcones, colgar bellos cuadros y visillos blancos en las ventanas, pero si no repasamos también toda la estructura, volverán a aparecer grietas en las paredes, goteras en los techos y reventones en las tuberías.

En los próximos capítulos vamos a revisar los diferentes tipos de creencias contraproducentes, pero antes vamos a hacer un repaso a los rasgos que caracterizan a las personas psicológicamente equilibradas.

RETRATO DE UNA PERSONA PSICOLÓGICAMENTE SANA

Si desea saber si es una persona psicológicamente sana, repase los puntos que enumeramos a continuación. Cada uno de ellos responde a los trece criterios que el psicólogo norteamericano Albert Ellis[9] ha propuesto para describir la fisonomía de las personas equilibradas emocionalmente. Si lee atentamente los siguientes enunciados, y se siente en general identificado con ellos, felicítese. Es usted una persona equilibrada emocionalmente, su forma de ver e interpretar el mundo es racional y positiva, no gobernada por creencias contraproducentes, y difícilmente sufrirá trastornos psicológicos.

1. Siente interés por sí mismo

Usted cree que vale por lo menos tanto como los demás. Cuida su aspecto físico, su equilibrio emocional, y su enriquecimiento intelectual y social. En su escala de valores, usted está un poco por encima de los demás. Sabe que ser responsable de sí mismo pasa necesariamente por el interés en uno mismo. Cree en sus posibilidades y acepta sus limitaciones. En su relación con los demás, es capaz de hacer concesiones, pero nunca renuncia a sus derechos.

9. Albert Ellis y Windy Dryden. *Práctica de la terapia racional emotiva.* (The Practice of Rational-Emotive Terapy. -RET-). Traducción de Elena Cartón. Biblioteca de Psicología, nº 43. Editorial Desclée de Brouwer, S.A. Bilbao, 1989, p. 28-30.

2. Tiene intereses sociales

Usted ha optado por la integración en lugar de por el aislamiento social. Es cierto que todos nos vemos obligados a vivir en sociedad, pero la diferencia radica en que usted participa activamente en ella. Se ocupa de ampliar sus relaciones sociales y protege los derechos comunitarios.

3. Es responsable de sí mismo

Usted es autosuficiente. Disfruta de la compañía de los demás, pero no se siente perdido cuando no cuenta con ella. Resuelve sus problemas sin esperar que otras personas lo hagan por usted. Acepta sus errores y celebra sus éxitos. Crea su propio autoconcepto sin permitir que otras personas influyan negativamente en él.

4. Es tolerante con los errores

Usted es una persona tolerante. Reconoce que todo el mundo tiene derecho a equivocarse, incluido usted mismo. Ni se juzga a usted ni juzga a los demás. Ante las cosas negativas, intenta modificar aquellos aspectos que pueden cambiarse y acepta sin sentir frustración aquellos otros que son inamovibles.

5. Es flexible

Usted es una persona de mentalidad abierta, dispuesta siempre a aceptar cambios, no se cierra en banda ante la opinión de los demás ni actúa según unos patrones fijos e inamovibles.

6. Vive el presente

Usted sabe que la vida es un continuo flujo de cambios. En lugar de vivir preocupado por lo que le pueda deparar el futuro, no se obsesiona con él ni supedita su presente a un futuro incierto.

7. Realiza actividades

Usted no se preocupa únicamente de su ámbito laboral y/o familiar, sino que muestra interés por muchas otras actividades. *Es de los que diversifican riesgos.* Puesto que las cosas, actividades o personas capaces de despertar interés en usted son múltiples, permanece constantemente activo y tiene pocas posibilidades de sentirse solo y de llevar una vida mecánica y sin sentido.

8. Practica el pensamiento racional

Usted mantiene un pensamiento objetivo y racional. Sabe autocontrolar su pensamiento y sus emociones, y medir las consecuencias a corto y largo plazo.

9. Se acepta a sí mismo

Usted se siente feliz de estar vivo. La vida en sí misma ya es suficiente premio para usted. Se acepta sin condiciones y no mide su valía por sus éxitos ni por el juicio que los demás hagan de usted.

10. Toma decisiones

Usted asume riesgos, no posterga indefinidamente la toma de decisiones. Acepta que tomar decisiones lleva implícita la posibilidad del fracaso, pero a la vez acepta que el único modo de avanzar es aceptando este tipo de riesgos.

11. Acepta el término medio

Usted sabe que los absolutos son imposibles, ni el absoluto en el placer ni en el dolor son medidas válidas para la vida. Acepta que las personas, las cosas, los acontecimientos, los fracasos y los éxitos no pueden ser totalmente perfectos. Adopta la actitud más sabia: en lugar de lamentarse por lo que no es, prefiere disfrutar de las cosas tal y como son.

12. Se responsabiliza de su vida

Usted no necesita encontrar un enemigo exterior para justificarse a sí mismo. Sabe que, en última instancia, el responsable de que su vida en general adopte un cariz u otro depende de usted mismo, de su conducta y de las opciones que toma cada día.

13. Tiene un proyecto de vida

Usted vive el día a día pero, a la vez, tiene un proyecto de vida a largo plazo. Vive el presente con intensidad, pero sin desviarse del camino que se ha trazado.

VIII

LA ADICCIÓN A LA APROBACIÓN

La persona adicta a la aprobación mide su autoestima en función de lo que los demás piensan o dicen de ella. En lugar de construir su autoconcepto a partir de criterios personales, intenta hacerlo a partir de los comentarios, opiniones, críticas y actitudes que otra gente mantiene hacia ella. Se comporta como si fuera un espejo sin imagen propia. Absorbe tantas opiniones distintas que acaba pareciendo un reflejo distorsionado, la superposición infinita de imágenes diferentes. Ansía con verdadera fuerza saber quién es, reconocerse en alguna definición, pero no lo consigue porque se ha equivocado de sistema. No entiende que es imposible hacer una valoración de sí misma a partir de los parámetros de los demás sin volverse *loca*. Está atrapada en un juego con reglas absurdas. Si recibe un elogio se siente bien y se dice: «Sí, yo soy así.» Si recibe una crítica actúa de la misma manera, se siente morir y se lamenta: «Sí, yo soy así.» Con el correr de los años, ha absorbido tantas opiniones distintas que no sabe quién es. Si intenta describirse a sí misma no encuentra las palabras para hacerlo, en su mente fluyen miles de opiniones distintas de mil personas distintas, ninguna de ellas propia, ninguna lo suficientemente válida y personal como para devolverle su imagen en el espejo.

Su dependencia de la aprobación ajena le hace ser terriblemente vulnerable al elogio y a la crítica. Nada de lo que hace es válido si otra persona no lo valida, ni siquiera las cosas más nimias. Si, por ejemplo, va a la peluquería y se hace un nuevo corte de pelo saldrá a la calle y esperará que alguien le diga: «Te queda bien ese peinado.» No importa que se mire en el espejo y reconozca que ha acertado con el corte; hasta que no reciba la confirmación de otra persona no se sentirá totalmente segura de su acierto. Pero ¿qué pasa si alguien le dice que el peinado no le favorece? Ocurre algo bien absurdo. Se olvidará por completo de que hace unos minutos se había mirado en el espejo y le había gustado lo que había visto, y pensará: «¡Dios mío, estoy horrible!»

La adicción a la aprobación tiene graves consecuencias sobre el individuo y su calidad de vida. El precio que paga por depender de los demás es muy alto: vivir en un estado perpetuo de ansiedad y ser carne fácil para la depresión.

La ansiedad es su fiel compañera de viaje

Su adicción a la aprobación le sume en un estado de ansiedad perpetua. Constantemente está preocupado por los demás, por lo que piensan de usted, por lo que van a decir si hace esto o aquello, por agradar a todo el mundo (algo del todo imposible, es bueno que vaya haciéndose a la idea), por satisfacer a los demás, por no hacer cosas que puedan molestar u ofender a otra gente. ¡Es una locura! ¿Se da cuenta? Usted vive de prestado. Vive para los demás. Lo que usted pueda pensar o sentir no cuenta, sus opiniones no cuentan, sus gustos no cuentan, sus necesidades no cuentan, el daño que pueden hacerle no cuenta. ¡Sólo cuentan los demás! Y mientras usted se desvive por la gente, el resto del mundo vive ajeno a usted. Cuando se acuerdan de usted es para utilizarle, para pedirle ese favor que saben que nadie más les haría. De entre todas las personas que le rodean, muy pocas le aprecian sinceramente. La mayoría simplemente le utilizan. Esto quizá nos pasa a todos, pero la diferencia es que a la persona segura de sí misma no la utilizan, la engañan. En cambio, usted consiente ser utilizado. Los demás se dan cuenta de cuánto le importa a usted estar a bien con ellos, perciben su vulnerabilidad y se aprovechan de ella. A la larga, su objetivo de caer bien a todo el mundo se vuelve contra usted. A su lado sólo quedan las arañas, los insectos dispuestos a chuparle la sangre. Las personas sanas no soportan su tendencia a humillarse y se alejan de usted. Ellos desean una relación de igual a igual, y usted les propone una relación descompensada.

¿Se está sintiendo como un mártir con esta descripción? Pues no lo es. Usted es un ser humano como todos los demás que sólo tiene una asignatura pendiente: aprender a respetarse a sí mismo. Quisiera mostrarle dos citas que pueden servirle de ayuda. Una es del dramaturgo inglés Oscar Wilde y dice: «No se por qué me odia tanto, yo nunca le hice ningún favor.» La otra es una expresión típicamente norteamericana que dice:

«Nadie ama a un felpudo, lo pisa.» Quizá le resulte

difícil aceptar que a veces hacer favores resulta contraproducente, y que ser excesivamente humilde nos asemeja más a la imagen del felpudo que a la de un ser humano, pero piénselo bien. Tómese su tiempo, y si en usted mismo no es capaz de encontrar una significación a estas palabras fíjese en otra persona que mantenga una filosofía de vida parecida a la suya y observe su conducta para con los demás, y la de los demás para con ella, y lo comprenderá. A veces, es más fácil hacer una apreciación crítica cuando no somos nosotros mismos el objeto a observar.

LA DEPRESIÓN ACECHA

Después de lo dicho apenas cabe agregar nada más. Usted ya puede imaginarse que su filosofía de vida volcada hacia los demás, le convierte en carne de cañón para la depresión. Como es imposible que usted entre en las preferencias de todo el mundo, tarde o temprano le caerá encima una crítica, un desprecio, o un insulto. Y usted, en lugar de defenderse, se los creerá. Su adicción a la aprobación provoca que usted tenga una baja tolerancia a la frustración. Mientras que a otra persona le importa poco que alguien le critique, le rechace o le desprecie, a usted le hace sentirse un ser indigno de estar vivo. A usted no se le ocurre cuestionar las opiniones de los demás. Si alguien le dijera: «Eres un ser despreciable», usted pensaría: «Soy un ser despreciable, hasta él se ha dado cuenta», en lugar de decir por ejemplo: «¡Alto!, yo sé que no soy un ser despreciable. Hago un montón de cosas dignas al cabo del día y la mayoría de mis sentimientos son nobles. Son tan nobles que a mí nunca se me ocurriría decirle a otra persona algo tan brutal como lo que él me ha dicho a mí. Si quiere pensar eso de mí, puede hacerlo. Es su error y no el mío. Pero, desde luego, entre mis amistades no hay lugar para alguien como él.»

¿Se ha preguntado alguna vez cómo lo hacen los demás para quedarse tan tranquilos cuando alguien les critica o les rechaza? Lo que hacen es algo tan sencillo como no dejar que ninguna opinión ajena les anule. Cuando alguien les rechaza se limitan a aceptarlo como algo que sucede a veces. Por ejemplo, si un joven que se respeta a sí mismo le pide a una chica que salga con él y ella le rechaza, pensará: «Mala suerte. En fin, ella se lo pierde. El mundo está lleno de mujeres, así que seguro que alguna se fijará en mí.» Lo que diría el joven sin autoestima puede imaginárselo. Cuando entienda que su opinión debe colocarla al menos un peldaño más alto que la de los demás y que su autoconcepto sólo puede construirlo a partir de sí mismo, porque los demás carecen de la información necesaria para emitir una definición acertada acerca de usted, entonces la depresión dejará de acecharle.

NADIE PUEDE JUZGARLE

Esperar que los demás le aprueben es un juego absurdo. Sólo usted puede aprobar sus acciones porque la opinión de los demás sólo tendrá efecto si usted se la cree, si la ratifica con su pensamiento. En capítulos anteriores decíamos que era el pensamiento, y no los acontecimientos, el causante de sus estados de ánimo. Ahora debemos repetir lo mismo, son sus creencias, y no la opinión de los demás, las causantes de la vulnerabilidad de sus estados de ánimo. Cualquier cosa que le digan, buena o mala, es inocua mientras usted no piense «Es cierto» o «Es falso».

Otra característica de las personas adictas a la aprobación es la creencia a pensar que los demás tienen derecho a juzgarle. Nadie tiene derecho a juzgarle. Diría más, no se trata tanto de un derecho como de una imposibilidad. *Nadie puede juzgarle.* Es usted mismo el que se juzga cuando acepta los comentarios de la gente. Además, tal como decíamos en el capítulo dedicado al temor a la crítica, las críticas pueden ser correctas o incorrectas. Cuando son incorrectas no pueden hacerle ningún daño puesto que se trata del error del otro y no del suyo. ¡La paja está en el ojo del otro y no en el suyo! Cuando son correctas tampoco pueden hacerle daño ya que son ciertas. Así pues, ¿dónde está el problema?

El problema está en la creencia errónea de que si comete un solo error, si una acción suya merece la desaprobación de los demás, todo su ser va a quedar *manchado* por ello, perdiendo su valor intrínseco. Pero esta creencia es irracional. *Si alguien le critica una acción está criticando esa acción concreta, sin poner en entredicho su valor como ser humano.* Cuando usted critica a un amigo una conducta o le recrimina un comentario desafortunado ¿está queriéndole decir que es un ser despreciable, o simplemente que una conducta suya en concreto no le ha gustado? ¿Desprecia usted a la gente que le rodea cuando cometen un error? No, ¿verdad? Entonces, ¿por qué razón cree que con usted va a ser diferente?

IX

LA ADICCIÓN AL AMOR

La persona adicta al amor mide su valía en función de si cuenta o no con el amor de otra persona. La creencia contraproducente que mantiene de la idea del amor, le lleva a creer que sólo puede ser feliz y desarrollarse plenamente como persona si alguien le ama, y que lo peor que podría ocurrirle es estar sola. Se trata de un tipo de persona dependiente que, en lugar de responsabilizarse de sí misma y de sus emociones, pretende cargar este peso sobre otra persona. Deja su realización personal en manos de otro individuo. Su idea del amor es, en realidad, muy pobre. El amor es para ella una necesidad y no una opción. Al no aceptar que la felicidad depende de sí misma y no de lo que otra persona esté dispuesta a hacer por ella, se convierte en un blanco fácil para la depresión. Puesto que su único vínculo con la cara amable de la vida, su único foco de satisfacción es el amor, cuando no consigue sus metas o sufre alguna desilusión en este ámbito queda desamparada, sin argumentos válidos que le den sentido a su vida.

La búsqueda desesperada del amor

Este tipo de persona suele ser víctima de su propia baja autoestima y de una idea demasiado idealizada del amor, la familia y otras instituciones sociales. El fantasma de la soledad le aterroriza. Es en extremo enamoradiza y parece que en cada fracaso amoroso vaya a perder la vida. Sin embargo, no siempre su *amor al amor* le asegura una relación amorosa estable y satisfactoria. Aunque, aparentemente, es *todo amor,* suele provocar más rechazo que adhesión.

Detengámonos en el caso de la mujer ya que, por una cuestión cultural, es entre las mujeres donde se da con más frecuencia este tipo de adicción. Es bastante corriente que algunos hombres se sientan, al inicio de la relación, atraídos por la dependencia de la mujer que han elegido. No lo interpretan como un signo de debilidad o inmadurez sino como un rasgo deseable. Sin embargo, con el pasar del tiempo, la dependencia de la mujer acaba siendo una pesada carga para el compañero sentimental. Lo que era una virtud se convierte en un defecto a veces insoportable. En algunos casos, la relación también acaba siendo frustrante para la mujer porque ella esperaba recuperar su autoestima mediante la unión sentimental, y esto es algo que su pareja no puede proporcionarle. En cambio, las personas más independientes y menos dispuestas a ligarse emocionalmente son las que despiertan mayor interés y deseo. Esto puede parecer paradójico pero no lo es en absoluto. Es una consecuencia lógica. Mientras que la persona adicta al amor no se interesa verdaderamente por casi nada más que no sea el amor, la persona independiente se ocupa en intereses y actividades distintas, lo cual la enriquece como persona y le proporciona diversas materias de comunicación e intercambio con su pareja. Por otra parte, la persona adicta al amor tiende a imponer un tipo de relación cerrada, absorbente y de plena dedicación mutua, que puede acabar agobiando y aburriendo a su cónyuge. En cambio, la persona independiente mantiene lazos con otras personas fuera del ámbito del hogar, lo cual le hace sentirse, a nivel individual, satisfecha de cómo se desarrolla su vida y, a nivel de pareja, ambos cónyuges se enriquecen con el intercambio continuo de información, estímulos y experiencias que mantienen con otra gente conjunta o individualmente.

El rechazo del que hablábamos en las líneas precedentes también se manifiesta entre las personas adictas al amor, que todavía no han formado una pareja estable. Generalmente, tienen problemas para retener a otra persona a su lado, incluso para que alguien se interese por ellas, porque de alguna manera transmiten su extrema vulnerabilidad. La imagen que dan es justamente la contraria a la que hipotéticamente propicia los juegos del amor y la seducción. Nos enamoramos de personas independientes, capaces de aportarnos aquello que consideramos que nos falta, con las que podamos tener una relación de igual a igual y de enriquecimiento mutuo. Nos enamoramos de personas alegres, seguras de sí mismas, y con expectativas de futuro. En resumen, sentimos interés por aquellas personas capaces de despertar en nosotros admiración y respeto. En cambio, la persona adicta al amor transmite justamente la idea contraria. Con su ansiedad por ser amada parece querer decirnos: «No soy nadie sin amor. En realidad no valgo nada. Si me aceptas me harás un gran favor. Ahora soy una persona de segunda clase, pero con tu ayuda seré feliz.» En las aspiraciones sentimentales de cada uno ponemos el listón alto. Deseamos lo mejor, y, claro, una persona que no se respeta a sí misma y que nos promete depender eternamente de nosotros no responde precisamente a la idea de lo deseable.

X

LA ADICCIÓN AL TRABAJO

La persona adicta al trabajo mide su valía en función de los éxitos profesionales o ganancias que produce. Puesto que su autoconcepto y su felicidad dependen de sus logros profesionales, acaba convirtiéndose en un esclavo del trabajo. Queda atrapado en la máquina insaciable de la producción. En una primera etapa, su apego al trabajo le reporta grandes beneficios porque socialmente se premia a las personas que tienen una gran capacidad de trabajo, pero a la larga su adicción se vuelve contra él. Entre las principales consecuencias que comporta la dependencia al trabajo destacamos las siguientes:

DESMEMBRACIÓN FAMILIAR

Sus relaciones en el ámbito familiar suelen deteriorarse, a veces de forma irreversible. Puesto que el día sólo tiene 24 horas y él le dedica la mayor parte de este tiempo a su trabajo, cuando llega a casa está demasiado cansado para interesarse por su cónyuge e hijos. Al contrario del resto de los mortales, para él los fines de semana y las vacaciones son un calvario. Sólo se siente seguro de sí mismo cuando trabaja, y por eso el ocio le pone nervioso, porque le coloca fuera del contexto en el que se reconoce como un ser de valor. Mientras él se cotice alto en el mercado de trabajo, posiblemente no hará caso a las súplicas de su familia de que les dedique más tiempo. No entiende el *egoísmo* e *incomprensión* de sus familiares que quieren apartarlo de lo único que le hace sentirse bien. Por regla general, no reconoce que su problema es una verdadera adicción, e intenta venderle a los suyos que todo lo que hace es por ellos, argumento que no es fácil que le perdonen. Si se produce alguna circunstancia adversa en su trabajo y busca consuelo en su familia no encuentra la comprensión que esperaba. Lo que les ha separado a él y a su familia ha sido el trabajo. El trabajo se ha convertido en el auténtico monstruo verde de los celos, así que no es fácil que estén dispuestos a oírle hablar del *rival.* No obstante, es preciso decir que cuando un miembro de una familia se vuelca en el trabajo por una verdadera necesidad de sacar a los suyos adelante, porque viven una situación económica precaria, el rechazo al que aludíamos antes no se produce. La adicción al trabajo sólo deteriora las relaciones familiares cuando se convierte en una vía de satisfacción para uno de sus miembros, y de abandono para el resto.

Ritmo de trabajo inhumano

El individuo sujeto a una dinámica desenfrenada de trabajo se ve obligado a producir cada vez más. Puesto que su valor personal depende de su cotización en el mercado, quedarse estancado significa descender en la escala de valores. Según la filosofía capitalista del trabajo, mantenerse significa avanzar cada día más y ello equivale, lógicamente, a entregar más y más tiempo y energía a la consecución de los éxitos profesionales.

Limitación de los recursos personales

La persona adicta al trabajo basa toda su autoestima en sus logros profesionales por lo que cualquier fracaso en este ámbito le puede sumir en una depresión. No acepta la enfermedad, y la jubilación le parece la peor de las traiciones. Habitualmente cuando le llega la hora de retirarse cae en una profunda depresión porque queda fuera del sistema de valores a través del cual se medía como persona. Se siente como un objeto que se desecha por viejo. Utiliza para sí el mismo criterio que se emplea en el mercado laboral con los productos de consumo. Además, como ha dedicado la mayor parte de su vida al trabajo se ve incapaz de hacer otra cosa que no sea seguir trabajando. «Lo único que sé hacer bien es trabajar.» No ha cultivado *hobbies* alternativos, ni ha mimado a su familia, ni ha mantenido relaciones sociales que no fueran estrictamente profesionales. En cierto modo, la impresión que tiene de que la jubilación es el fin es cierta. Marca el fin del sistema de vida al que está acostumbrado.

XI

LA ADICCIÓN AL PERFECCIONISMO

Jesús dice a sus fieles: «Si esperas a ser perfecto, no me amarás nunca.» He querido introducir esta frase porque para mí fue importante conocerla y porque sé que también lo ha sido para muchas otras personas. Cuando yo parafraseando esta cita, le digo a un paciente: «Si esperas a ser perfecto para respetarte, amarte a ti mismo y hacer aquello que deseas hacer, no lo harás jamás, porque la perfección no existe. Puedes buscarla durante toda tu vida pero nunca podrás alcanzarla, ni siquiera conseguirás rozarla con los dedos. ¿Por qué te preocupa tanto ser perfecto? Nadie espera de ti que lo seas, sólo tú lo esperas», noto cómo enseguida la tela de araña empieza a destejerse. Por favor, deje de leer durante unos minutos y piense en ello. La sentencia «Si esperas a ser perfecto, no me amarás nunca» es mucho más que una bonita frase, es la clave de una filosofía de vida. ¡Conviértala en el lema de su existencia!

Retrato de un perfeccionista

La persona perfeccionista cree que todo debe hacerlo a la perfección. Para ella la sola idea de realizar un trabajo imperfecto la sume en un estado de gran tensión y nerviosismo. No concibe la posibilidad de cometer errores porque cree que un único error es suficiente para desmoronar el sentido de su vida. Interpreta los errores como un fracaso y no como una posibilidad para aprender y superarse a sí misma. Mantiene una actitud muy autocrítica consigo misma y con los demás, a los que acaba viendo como seres imperfectos. Desea ser siempre la mejor en todo, y esto le acarrea la antipatía de mucha gente. Sus éxitos no la satisfacen porque siempre encuentra algún defecto en sus logros, de ahí que la vida le proporcione tan pocas satisfacciones y sea tan propensa a la depresión. Su nivel de productividad no está en consonancia con su nivel de esfuerzo, ya que pierde gran parte de su tiempo en cuidar todo tipo de detalles. Suele declinar llevar a cabo actividades que desconoce porque teme fracasar en ellas, de modo que siempre realiza aquellas actividades que ya domina. Su problema radica en que parte de unas expectativas excesivamente utópicas e inalcanzables. Para superar su adicción a la perfección debe readecuar sus patrones perfeccionistas a una escala humana.

Optar por el término medio

La búsqueda de la perfección es una vía directa hacia la frustración. Generalmente, la persona adicta a la perfección cree que a mayor perfección se corresponde mayor felicidad. Por el contrario, rechaza frontalmente la idea de permanecer en el término medio. Para ella esto no equivale a una toma de posición moderada ante la vida, de recibir alegremente lo que ésta nos ofrece, sino a la peor de las posturas.

La adicción a la perfección está basada en el pensamiento todo/nada del que hemos hablado en capítulos anteriores. Según este sistema irracional de pensamiento, el error es sinónimo de frustración; una prueba mal resuelta, una pequeña falta, la menor incorrección dan al traste con todos los éxitos conseguidos. El pensamiento dicotómico es autodestructivo y paralizante, e infunde en el ánimo de la persona una gran ansiedad y una sensación endémica de perpetuo fracaso.

Buscar un lugar cómodo en el término medio no es, como pensaría un adicto a la perfección, la actitud esperable en los seres *mediocres.* Al contrario, es una postura inteligente y que denota una profunda comprensión de la naturaleza humana.

Situarse en el término medio significa aceptar que la vida está llena de pequeñas imperfecciones, y que no por ello merece menos la pena vivirla. Ante el hecho irreductible de que no existe nada absolutamente perfecto, el ser humano puede optar por tres caminos diferentes: el de la confrontación, el de la resignación y el de la conformidad.

La vía de la confrontación es la que escoge la persona perfeccionista, la cual, en lugar de adaptarse a la realidad, se empeña en que la realidad se adapte a ella, a su modelo ideal y personal.

La vía de la resignación está muy relacionada con la anterior. La persona perfeccionista interpreta la posición del término medio como una postura de resignación. Confunde los términos de conformidad y resignación, de ahí que quedarse en el punto medio le parezca una idea abominable.

Por último, la vía de la conformidad. La conformidad no es resignación, sino una postura abierta, receptiva, tolerante y positiva ante la vida. La resignación, en cambio, equivale a una postura de triste humillación.

La dulce idea de no exigir tributos a la vida no es un descubrimiento de la psicología. Algunos de los mejores filósofos y poetas han acariciado esta hipótesis en sus reflexiones. Por ejemplo, el gran poeta portugués, Fernando Pessoa, dedicó algunos de sus mejores poemas a esta idea. «A los que la riqueza toca / el oro irrita la piel. /A los que la fama alienta / se les empaña la vida. / Para los que la felicidad / es sol, vendrá la noche./ Pero al que nada espera / todo lo que viene es grato.»[10]

No esperar de la vida más de lo que ésta puede ofrecernos y recoger con alegría sus frutos es la filosofía sustentada por las personas que viven en el término medio. Yo le animo a que pruebe qué se siente cuando se vive en este punto del camino. Puede que usted todavía esté pensando que las medias tintas son aburridas y propias de las personas grises, pero quisiera recordarle una vez más que la perfección es una hipótesis falsa, una falacia. La perfección es un concepto que sólo tiene cabida en el ámbito de las ideas, pero no en el de la realidad. Sin embargo, la perfección es una opción mucho más atractiva exteriormente que el término medio. Pero, es este último el que ofrece un número infinitamente mayor de satisfacciones a los individuos que se deciden por él. ¿Por qué no lo prueba usted también?

10. Fernando Pessoa. *Obra poética*. Traducción de Miguel Ángel Viqueira. Ediciones 29, Barcelona, 1990. Tomo II p. 83

ALGUNAS BUENAS RAZONES PARA DEJAR DE SER PERFECCIONISTA

1. Las personas perfeccionistas suelen hacer muy bien todo lo que hacen pero a cambio viven continuamente en tensión, preocupadas, insatisfechas y deprimidas.

2. Las personas que no pretenden hacer las cosas a la perfección son a la larga más productivas y obtienen una mayor satisfacción que las personas perfeccionistas.

3. La perfección no asegura la satisfacción. Se puede hacer un trabajo perfecto y sentirse insatisfecho, o realizar una actividad simple, como por ejemplo dar un paseo, y sentirse satisfecho.

4. Buscar la perfección es absurdo porque todo puede mejorarse.

5. Las personas que intentan ser perfectas en el fondo lo hacen para evitar el fracaso o la crítica. Paradójicamente, el ansia de perfeccionismo les provoca una ansiedad tan grande que acaban convirtiéndose en su peor enemigo. No necesitan ser criticadas porque ellas mismas ya lo hacen.

6. Las personas perfeccionistas acaban siendo vistas por los demás como seres rígidos y tensos.

7. La vida de las personas perfeccionistas puede acabar siendo abundante en éxitos, y mísera en satisfacciones.

8. Cometer errores es humano y aceptarlos es reconocer nuestra condición humana.

9. Aprendemos de nuestros errores. El fracaso es una oportunidad para el crecimiento personal.

10. Las personas perfeccionistas ven el vaso medio vacío, y las no perfeccionistas lo ven medio lleno.

11. La felicidad no está en hacer las cosas perfectas, sino en hacerlas.

XII

LA ADICCIÓN A LA JUSTICIA

Algunos de mis pacientes quedan estupefactos cuando les comento que una de las causas de su depresión es la adicción a la justicia. Esta primera reacción no es extraña si tenemos en cuenta que el término justicia es un concepto positivo. Expresiones como «justicia social», «el juicio de la historia» u otras similares, que forman parte de nuestro legado cultural, indican hasta qué punto la justicia es una aspiración del ser humano. Pero ¿qué entendemos por justicia? Para la mayoría de personas, justicia es una suma de derechos y obligaciones tanto individuales como colectivos. No hay duda de que la justicia es uno de los recursos más valiosos con los que cuenta la sociedad para mantener la paz social. El problema surge cuando alguno de sus individuos personaliza este concepto abstracto. A partir de ese momento, la persona empieza a creer que tiene derecho a determinadas cosas (amor, dinero, felicidad o salud) que los demás deben procurárselas. En esta creencia hay una confusión grave de los términos *derecho* y *deseo.* Dicho de una manera simple, las personas tenemos derechos a nivel público y deseos a nivel personal. Usted, por ejemplo, tiene derecho a la educación, a la libre expresión o a la sanidad, pero no al amor, a la salud o al dinero. Ser correspondido en el amor, gozar de una buena salud y disponer de estabilidad económica son deseos individuales pero en ningún caso debemos confundirlos con derechos adquiridos.

Cuando las expectativas de las personas adictas a la justicia no se ven cumplidas, reaccionan o bien entrando en un estado de ira o bien de depresión. Como esto les ocurre muy a menudo, sus vidas pueden acabar convirtiéndose en una experiencia frustrante ya que casi nunca obtienen aquello a lo que creen tener derecho.

La característica más notable de estas personas es su afición a quejarse mucho y no hacer nada. Como piensan que lo que les ocurre *no es justo,* no creen que deban hacer nada para solucionarlo. «Yo no he hecho nada malo, así que no tengo por qué dar el primer paso.» La creencia de que tienen unos derechos que los demás incumplen, les convierte en personas exigentes y rígidas, a veces, temidas por los demás.

Como consecuencia de lo anterior, las personas adictas a la justicia son poco proclives a la negociación. En lugar de negociar unos deseos, exigen unos derechos. Esta actitud impositiva provoca que sus relaciones sociales sean tensas e insatisfactorias, y que su vida personal sea un cúmulo de desengaños. Una de las asignaturas pendientes de este tipo de personas es comprender que los demás no siempre tienen que hacer las cosas a su gusto.

Otras características destacables de este tipo de personas es su baja tolerancia a la frustración o fracaso, y su inclinación a esperar reciprocidad de los demás. La reciprocidad («Si yo he hecho esto por ti, ahora tu tienes que hacer esto otro por mí») la entienden también como un derecho.

Después de todo lo dicho, puede parecer absurdo que alguien sea adicto a la justicia, pues está claro que acarrea más consecuencias negativas que positivas. Sin embargo, esto no es exactamente así. La adicción a la justicia también ofrece sus *recompensas*. Veámoslas:

- Eludir la responsabilidad de lo que nos ocurre. El culpable de todo lo malo que nos pasa siempre es otro.
- Obtener compasión de los demás.
- Vengarse con el pretexto de hacer justicia.
- Sentirse orgulloso de uno mismo. «Yo soy justo, en cambio los demás no.»

Existen muchas razones por las que vale la pena dejar de ser adicto a la justicia, de entre las que destacamos las tres siguientes:

1. Las personas que en lugar de culpabilizar a los demás de lo malo que les ocurre se responsabilizan ellas mismas de sus propios actos toman las riendas de su propia vida y son más felices.
2. Es absurdo esperar la justicia a nivel personal porque no existe.
3. Cuando se negocian los deseos se obtienen más satisfacciones que desventajas. En cambio, cuando se exigen derechos sólo se obtienen frustraciones y desengaños.

XIII

LA ADICCIÓN A LA DEPENDENCIA

Las personas adictas a la dependencia buscan la felicidad fuera de sí mismas. Su dicha o desdicha siempre es la consecuencia de factores externos que no pueden controlar. En realidad, con esta actitud evitan tener que responsabilizarse de sus sentimientos y conductas, de ahí que pongan su bienestar en manos de los demás.

Aunque, como veremos luego, la dependencia ofrece algunas compensaciones, no cabe duda de que comporta muchas más desventajas. La persona dependiente, por ejemplo, casi nunca hace lo que desea. Su comportamiento se define en función de los demás. Como se coloca siempre en la retaguardia, tiene que seguir las instrucciones de los que van delante de ella.

Su tendencia a seguir los pasos de figuras como las del padre/madre, cónyuge, jefe, etc., a ser siempre la sombra de otra persona, les impide adquirir la suficiente madurez para llegar a ser ellas mismas. El gran tributo que tienen que pagar a cambio de seguir bajo la protección de los demás es no poder vivir según sus propios deseos y expectativas. A la larga, la dependencia causa una gran frustración.

Detrás de la adicción a la dependencia, encontramos los siguientes razonamientos contraproducentes. La persona se autocompensa pensando: «Si dependo de los demás...

- no soy culpable de mis deficiencias,
- experimento una sensación de seguridad y protección,
- no soy responsable de mi desarrollo personal,
- no corro riesgos,
- no tengo por qué cambiar.»

Existen varias buenas razones para dejar de depender de los demás. A continuación destacamos las más significativas. Piense en ellas.

1. Dejar de hacer cosas que en realidad no deseamos hacer.
2. Evitar influencias negativas de otras personas.
3. Descargarse de la responsabilidad de hacer felices a los demás.
4. Dejar de ser manipulado.
5. Dejar de ser demasiado vulnerable a los acontecimientos externos, ya que el bienestar lo encontramos dentro de nosotros y no fuera.
6. Llevar una vida satisfactoria, porque una de las claves de la felicidad radica en la independencia de los seres humanos.

Puede que usted esté pensando: «De acuerdo, reconozco el mérito que tiene apostar por la independencia y las ventajas que ésta comporta, pero yo siempre he sido una persona dependiente y, si ahora dejo de serlo, la gente me rechazará.»

La adicción a la dependencia está íntimamente relacionada con la adicción a la aprobación (véase capítulo IX), por eso usted piensa que si deja de vivir en función de los demás, le repudiarán. Pero esto no es así. En el trato con los demás, usted marca las normas. Si demuestra a la gente que pueden despreciarle, no dude en que lo harán, pero si les muestra que deben respetarle, tenga la seguridad de que lo que obtendrá será respeto. Curiosamente, las personas independientes son mucho más atractivas para los demás que las dependientes, así que si su preocupación es que dejen de amarlo, puede estar tranquilo; cuanto más independiente sea, más simpatías va a atraer. También quisiéramos recordarle algo que ya mencionamos en capítulos anteriores: haga lo que haga, siempre habrá alguien que no esté de acuerdo con usted. ¡Decídase a romper sus cadenas!, nunca es demasiado tarde.

Nota al lector

El único camino es DESEAR LA FELICIDAD.

Entender que la felicidad no es una utopía es empezar a COMPRENDER LA FELICIDAD.

Lo único que la vida espera de sus hijos es que no olviden TRABAJAR POR LA FELICIDAD.

Me daría por satisfecho si con este libro consiguiera renovar su deseo de ser feliz.

Si desea más información sobre el contenido del libro, manifestarnos su opinión o simplemente conocernos, puede contactarnos en la dirección indicada.

Muchas gracias por su atención.

ISEP (Instituto Superior de Estudios Psicológicos)
c/ Berlín, 9
08014 Barcelona
raimon.gaja@isep.es

El papel utilizado para la impresión de este libro
ha sido fabricado a partir de madera
procedente de bosques y plantaciones
gestionados con los más altos estándares ambientales,
garantizando una explotación de los recursos
sostenible con el medio ambiente
y beneficiosa para las personas.
Por este motivo, Greenpeace acredita que
este libro cumple los requisitos ambientales y sociales
necesarios para ser considerado
un libro «amigo de los bosques».
El proyecto «Libros amigos de los bosques» promueve
la conservación y el uso sostenible de los bosques,
en especial de los Bosques Primarios,
los últimos bosques vírgenes del planeta.